Bárbara Vasconcelos de Carvalho e o ensino da literatura infantil no Brasil

FUNDAÇÃO EDITORA DA UNESP

Presidente do Conselho Curador
Mário Sérgio Vasconcelos

Diretor-Presidente
José Castilho Marques Neto

Editor Executivo
Jézio Hernani Bomfim Gutierre

Assessor Editorial
João Luís Ceccantini

Conselho Editorial Acadêmico
Alberto Tsuyoshi Ikeda
Áureo Busetto
Célia Aparecida Ferreira Tolentino
Eda Maria Góes
Elisabete Maniglia
Elisabeth Criscuolo Urbinati
Ildeberto Muniz de Almeida
Maria de Lourdes Ortiz Gandini Baldan
Nilson Ghirardello
Vicente Pleitez

Editores Assistentes
Anderson Nobara
Jorge Pereira Filho
Leandro Rodrigues

FERNANDO RODRIGUES
DE OLIVEIRA

BÁRBARA VASCONCELOS DE CARVALHO E O ENSINO DA LITERATURA INFANTIL NO BRASIL

© 2013 Editora UNESP

Direitos de publicação reservados à:
Fundação Editora da UNESP (FEU)
Praça da Sé, 108
01001-900 – São Paulo – SP
Tel.: (0xx11) 3242-7171
Fax: (0xx11) 3242-7172
www.editoraunesp.com.br
feu@editora.unesp.br

CIP – Brasil. Catalogação na fonte
Sindicato Nacional dos Editores de Livros, RJ

O47b

Oliveira, Fernando Rodrigues de
    Bárbara Vasconcelos de Carvalho e o ensino da literatura infantil no Brasil / Fernando Rodrigues de Oliveira. São Paulo: Editora Unesp, 2013.

    Recurso digital, il.
    Formato: ePDF
    Requisitos do sistema: Adobe Acrobat Reader
    Modo de acesso: World Wide Web
    ISBN 978-85-393-0414-1 (recurso eletrônico)

    1. Carvalho, Bárbara Vasconcelos de – Crítica e interpretação. 2. Literatura infanto-juvenil – História e crítica. 3. Livros eletrônicos. I. Título.

13-01740   CDD: 808.899282
                                                                    CDU: 82-93

Este livro é publicado pelo projeto Edição de Textos de Docentes e Pós-Graduados da UNESP – Pró-Reitoria de Pós-Graduação da UNESP (PROPG) / Fundação Editora da UNESP (FEU)

Editora afiliada:

Àqueles para quem reservo
todo amor que existe em mim:
Orlando e Ednéia.

AGRADECIMENTOS

Para que este livro, apresentado originalmente sob a forma de dissertação de mestrado, fosse possível, contei com o apoio, a colaboração, o incentivo e os sábios ensinamentos de pessoas que têm feito parte do meu processo de formação, ajudando-me a tornar mais simples e prazerosa a difícil tarefa de construir o caminho rumo à minha "maioridade intelectual". Embora não seja possível agradecer nominalmente a todas essas pessoas, menciono, especialmente, algumas:

Maria do Rosário Longo Mortatti, que me acolheu como orientando e, mais do que abrir os caminhos, tem me ensinado a percorrê-los;

Meus pais e familiares, que me contam com os olhos que, mesmo sem saber o real significado do que faço, acreditam em mim e apoiam os meus sonhos;

Integrantes do GPHELLB, pelo companheirismo e amizade que construíram comigo, desde que passei a integrar o grupo, além das contribuições que cada um, de forma específica e única, vem tendo ao longo do meu percurso de formação acadêmica e pessoal;

Coriolinda Vasconcelos de Carvalho, filha de Bárbara V. de Carvalho, que desde o primeiro contato acreditou em mim e se mostrou disposta a contribuir com a pesquisa que me propus a desenvolver; sem a sua inestimável contribuição, esse livro não seria possível;

Leda Jesuíno dos Santos, por me possibilitar conhecer a professora Coriolinda e pela cessão de importantes documentos, fundamentais para o desenvolvimento da pesquisa;

Maria Teresa Santos Cunha e João Luís C. Tápias Ceccantini, interlocutores especiais, que aceitaram o desafio de pensar sobre a "história" que me propus a "contar", possibilitando-me sobressaltar muitos dos meus limites;

Fundação de Amparo à Pesquisa do Estado de São Paulo (Fapesp), pela bolsa concedida para do desenvolvimento da pesquisa de mestrado, da qual resultou este livro; e

Funcionários dos acervos documentais e bibliográficos que consultei durante o desenvolvimento da pesquisa.

O que narra os acontecimentos,
sem distinguir entre os grandes
e os pequenos, leva em conta a verdade
de que nada do que um dia
aconteceu pode ser considerado
perdido para a história.

(Benjamin, 1994, p.223)

SUMÁRIO

Prefácio **13**
Introdução **19**

1 A produção e circulação de manuais e
  capítulos para o ensino da literatura infantil no Brasil **27**
2 Bárbara V. de Carvalho: professora,
  autora de livros didáticos e escritora **49**
3 Apresentação de *Compêndio de literatura infantil* **79**
4 Os demais textos *sobre* literatura infantil
  de Bárbara V. de Carvalho e relação
  com *Compêndio de literatura infantil* **103**
5 O contexto histórico da formação de professores
  primários no estado de São Paulo **117**
6 *Compêndio de literatura infantil* e a
  produção brasileira *sobre* literatura infantil **143**

À guisa de conclusão: O pioneirismo de Bárbara V. de
  Carvalho no ensino da literatura infantil no Brasil **165**
Referências bibliográficas **169**

.

Prefácio

Este livro resulta da dissertação de mestrado de Fernando Rodrigues de Oliveira, que tive o prazer de orientar, entre 2009 e 2010, junto ao Programa de Pós-Graduação em Educação da Unesp, campus de Marília, e ao Grupo de Pesquisa "História do ensino de língua e literatura no Brasil" (GPHELLB). O objetivo da pesquisa é contribuir para a compreensão de um importante momento da história do ensino da literatura infantil e para a produção de uma história, teoria e crítica específicas da literatura infantil em nosso país. Para tanto, o autor enfoca a proposta da professora e escritora baiana Bárbara Vasconcelos de Carvalho (1915-2008), sintetizada em *Compêndio de literatura infantil* (1959).

Fundamentado em rigorosa pesquisa documental e bibliográfica, apresenta resultados da análise da configuração textual do livro, articulando, de forma hábil e crítica, os diferentes aspectos constitutivos do sentido que lhe atribui: autor, leitores previstos, temas, conteúdos, forma e estrutura, necessidades e finalidades, contexto histórico de produção e de circulação do livro. Essa opção metodológica, assim como a abordagem histórica do tema e o enfoque interdisciplinar propiciam a mobilização de denso conjunto de fontes documentais a serviço da interpretação do sentido do livro em suas relações com o conjunto da obra da autora, com a história da educação, com a história do ensino de literatura infantil e com a produção e circulação do discurso *da* e *sobre* a literatura infantil em nosso país.

Esse complexo movimento analítico – que o leitor é convidado a acompanhar – é exposto de forma rigorosa, mas fluente, propiciando compreensão tanto do pioneirismo de Bárbara Vasconcelos de Carvalho quanto da relevância do estudo de sua obra e atuação profissional. Assim, conclui o autor: embora seja pouco conhecida e pouco citada por estudiosos do assunto, a obra e a atuação profissional dessa professora e escritora baiana representam seu pioneirismo "no processo de constituição da literatura infantil como disciplina dos Cursos Normais paulistas", assim como "na disseminação de determinada concepção de literatura infantil e na conformação de práticas de ensino da literatura infantil, ainda vigentes no Brasil". Como síntese desse pioneirismo, o livro analisado "'funcionou' como uma teorização sobre o ensino da literatura infantil, tendo se tornado referência para outros estudos sobre esse tema, especialmente para os outros autores de manuais de ensino de literatura infantil publicados no Brasil".

Os resultados apresentados neste livro vêm, portanto, confirmar tanto o ineditismo do tema quanto a relevância da pesquisa e suas contribuições para as áreas e campos de conhecimento com os quais dialoga, em especial: educação e história da educação, história do ensino da literatura infantil e teoria, história e crítica da literatura infantil. Ainda do ponto de vista das motivações e do contexto acadêmico de sua produção, este livro representa a finalização exitosa de uma etapa de formação desse jovem pesquisador.

A análise dos diferentes aspectos de sua configuração textual, no entanto, instiga à formulação de outros sentidos, relacionados com o lugar que o discurso e seu sujeito passam a ocupar na história da produção e circulação de discursos *sobre* a literatura infantil e seu ensino.

Graduado em letras e em pedagogia, mestre e doutorando (quando da elaboração deste prefácio) em educação, esse jovem pesquisador tem sua formação marcada tanto pelo interesse pessoal pelo estudo da literatura infantil quanto pelo contexto acadêmico do final do século XX e do início deste século. Nesse contexto, vem-se formando uma nova geração de pesquisadores sobre o tema, dentre os quais se encontram também outros integrantes do GPHELLB.

Essa geração é herdeira da tradição de estudos *sobre* literatura infantil, na qual o autor deste livro situa o compêndio analisado e a atuação de Bárbara Vasconcelos de Carvalho. Fundada nas décadas de 1940, pelo educador e psicólogo brasileiro Manoel Bergström Lourenço Filho, essa tradição é retomada nas décadas seguintes, seja para a continuidade, seja para a ruptura, e se consolida ao longo do século XX, em textos da poeta e professora Cecília Meireles, do historiador Leonardo Arroyo e de professores/pesquisadores como Nelly Novaes Coelho, Lígia Cadermatori, Fúlvia Rosenberg, Regina Zilberman, Marisa Lajolo, Edmir Perroti.

Publicados entre as décadas de 1940 e 1980, os textos dos autores mencionados constituem um *corpus* básico de discursos *sobre* literatura infantil e juvenil, "fundador" de conceitos e explicações formuladas com base na produção *de* literatura infantil até então existente no Brasil. Ao mesmo tempo, esse *corpus* básico se constituiu como "cânone", tanto para autores, leitores e mercado editorial quanto para os estudos sobre literatura infantil. Apesar das diferenças de pontos de vista teóricos e de lugar social e científico ocupado pelos sujeitos-autores, destaca-se um ponto comum dentre o conjunto de problemas históricos e teóricos que formulam: o "impasse" entre didatismo e literariedade dos textos de literatura infantil, decorrente de sua "condição de origem".

Regras e modelos teóricos e metodológicos centrados nesse impasse têm sido rotineiramente utilizados por estudiosos e pesquisadores desde as décadas finais do século passado. Desde então, intensificou-se o interesse pelo tema, no Brasil, em decorrência do novo contexto político, educacional e científico, que propiciou o "*boom*" da produção de literatura infantil e a expansão dos programas de pós-graduação.

São justamente esses avanços, no entanto, que permitem hoje colocar em discussão a fecundidade do impasse apontado. De outro ponto de vista, novos avanços no debate requerem assumir, de forma realista (e sem desconsiderar juízos de valor), o que denomino "unidade múl-

16 FERNANDO RODRIGUES DE OLIVEIRA

tipla determinantemente constitutiva da literatura infantil e juvenil", em especial a brasileira. Para isso, é necessário, por um lado, considerar esses textos como pertencentes a um gênero textual simultaneamente literário e didático; por outro lado, para seu estudo são necessárias abordagens interdisciplinares, conduzidas por pesquisadores com formação adequada para contribuir para os avanços desejados, neste momento histórico, tanto no discurso *da* quanto no discurso *sobre a* literatura infantil e juvenil.

É nesse lugar de sentido que se podem situar os resultados da pesquisa apresentados neste livro, cujas principais qualidades podem ser sintetizadas nos seguintes aspectos: o conhecimento demonstrado pelo autor em relação à tradição de estudos em que insere sua pesquisa; a definição de tema inédito e de abordagem interdisciplinar; e a escolha de ponto de vista histórico, para a formulação do problema e para a discussão da hipótese de investigação. É justamente esse ponto de vista que propicia ao autor contribuir para a compreensão histórica da multifacetação do tema e da complexidade do problema. E o faz – não isento de juízos de valor – buscando, simultaneamente, resistir à adesão acrítica ao "cânone" teórico-metodológico e contrapor-se à adoção de posturas ingenuamente saudosistas ou preconceituosamente acusatórias em relação ao passado e à obra de Bárbara Vasconcelos de Carvalho.

Dialogando diretamente com outras pesquisas realizadas por integrantes do GPHELLB, com este livro o autor nos apresenta aspectos até então desconhecidos ou pouco explorados pela tradição que herda. E, compartilhando seu percurso e resultados de investigação, também propõe outros temas e problemas, para si, para os pesquisadores de sua geração e para os das gerações vindouras. De todos esses novos pesquisadores, nossa geração espera a honesta coragem intelectual para, sem buscar repetir ou destruir a tradição, possam nela mergulhar, visando avaliar as lacunas no que já foi feito e propor o que faz falta e demanda compreensão.

Esse sentido que atribuo à pesquisa do autor é também o motivo do orgulho em ter contribuído para sua formação e da satisfação em apresentar este livro, cuja leitura recomendo a todos que se interessam pelo tema, e, em especial, aos pesquisadores e estudiosos de literatura infantil e juvenil e de história da educação, aos professores e estudantes de cursos das áreas de letras, educação, biblioteconomia, história e afins, assim como aos professores da Educação Básica.

Maria do Rosário Longo Mortatti

Introdução

No âmbito das pesquisas brasileiras *sobre* literatura infantil, embora nos últimos anos seja possível observar um crescimento significativo da produção, especialmente, de teses e dissertações (das quais também resultam a publicação de artigos, livros e capítulos),[1] em que esse gênero literário é abordado de diferentes pontos de vista, como letras, pedagogia, biblioteconomia, antropologia e história, entre outros, nota-se, também, que essas pesquisas são ainda em número insuficiente para dar conta da "condição complexa e multifacetada" (Mortatti, 2008a) que constitui esse fenômeno literário adjetivado de infantil.

Apesar de estudos detalhados e aprofundados sobre a obra de alguns escritores, como é o caso dos livros organizados por Silva (2003), Silva e Frota (2004) e Lajolo e Ceccantini (2008), e de estudos sobre a história desse gênero, como os de Arroyo (1968), Salem (1970), Coelho (1981) e Lajolo e Zilberman (1984), ainda tem sido relegados ao "esquecimento" temas e autores que ocupam

---

1 A partir de consulta ao Banco de Teses e Dissertações da Coordenadoria de Aperfeiçoamento de Pessoal de Nível Superior (Capes), pude localizar referência de quase duas mil teses e dissertações publicizadas, no Brasil, entre a década de 1970 e o ano de 2010, que tratam do tema "literatura infantil".

lugar importante na compreensão da literatura infantil brasileira e que se fazem extremamente necessários para avanços fecundos das pesquisas nesse campo.

Dentre esses autores e temas "esquecidos", encontra-se o nome de Bárbara Vasconcelos de Carvalho (1915-2008), professora e escritora baiana, autora de *Compêndio de literatura infantil*: para o 3º ano normal, e uma das figuras marcantes da educação paulista e das discussões sobre literatura infantil na segunda metade do século XX. Nascida em Alagoinhas (BA), em 1915, formada pela Universidade da Bahia e autora de considerável obra, sobretudo literária e didática, essa professora e escritora foi interlocutora direta de estudiosos da literatura infantil, como Lenyra Fraccaroli, Antônio D'Ávila, Nelly Novaes Coelho, Odete de Barros Mott e Maria Lúcia Pimentel Sampaio Góes, tendo atuado intensamente na divulgação e no ensino da literatura infantil nos cursos de formação de professores primários, no Brasil, ao longo da segunda metade do século XX. Além disso – mas sobretudo –, ela contribuiu decisivamente, à época, para a disseminação de determinada concepção de literatura infantil e para a conformação de práticas de ensino da literatura infantil, ainda vigentes no Brasil.

Nesse sentido, Bárbara V. de Carvalho, embora hoje não mais figurada entre os principais nomes da literatura infantil brasileira, teve a marca de seu pioneirismo registrada no âmbito do ensino da literatura infantil, no Brasil, em decorrência de sua participação ativa no processo de constituição desse gênero literário como disciplina dos Cursos Normais paulistas e também por ser autora do primeiro manual específico para o ensino da literatura infantil publicado no Brasil, a saber, *Compêndio de literatura infantil,* publicado em 1959, pela Companhia Editora Nacional.

Considerando, portanto, a importância dessa professora e escritora baiana e objetivando contribuir para a compreensão de um importante momento da história do ensino da literatura infantil no Brasil e de contribuir para a produção de uma história, teoria e crítica específicas da literatura infantil, no Brasil, desenvolvi ampla pesquisa documental e bibliográfica, a qual apresento os resultados neste livro.[2] Nessa pesquisa, abordei aspectos da proposta para o ensino da literatura infantil elaborada por essa professora e escritora e contida em *Compêndio de literatura infantil* (1959), uma vez que nesse manual: se encontra um conjunto de saberes relativos à literatura infantil considerados necessários para a formação do professor primário, no momento histórico em que foi publicado e utilizado; esses saberes foram sendo gradativamente estruturados, de acordo com os programas oficiais de ensino, contribuindo para a constituição da literatura infantil como disciplina dos cursos de formação de professores primários no Brasil; e em razão da escassez de textos *sobre* literatura infantil publicados à época, esse manual de ensino, mesmo caracterizando-se como um tipo de livro didático, "funcionou"[3] como uma teorização sobre o ensino da literatura infantil, tendo se tornado referência para outros estudos sobre esse tema, especialmente para os outros autores de manuais de ensino de literatura infantil publicados no Brasil.

Para o desenvolvimento dessa pesquisa, utilizei-me da abordagem histórica do tema – o ensino da literatura infantil segundo Bárbara V. de Carvalho – o que demanda explicitar não só as opções teórico-metodológicas que fiz, mas também como compreendo alguns conceitos operativos que utilizei recorrentemente.

Embora haja a dificuldade de se definir a literatura infantil em razão de sua resistência "[...] ao enquadramento em definições precisas e à clara delimitação e descrição, situando-se numa espécie de limbo acadêmico, que o transforma, por vezes, em propriedade de todos e, ao mesmo tempo, de ninguém [...]" (Ceccantini, 2004, p.20), optei por definir literatura infantil, com base em Mortatti (2000a, p.182), como:

---

2 Trata-se de pesquisa de mestrado desenvolvida entre março de 2009 e dezembro de 2010 (bolsa Fapesp), junto ao Programa de Pós-Graduação em Educação, da Faculdade de Filosofia e Ciências, Universidade Estadual Paulista "Júlio de Mesquita Filho", campus de Marília, sob orientação da professora Maria do Rosário Longo Mortatti, e no âmbito do Grupo de Pesquisa "História do Ensino de Língua e Literatura no Brasil" (GPHELLB).

3 Considerar a "funcionalidade" do texto significa tratá-lo como processo social e lugar de conflitos, entendendo que: "Enquanto fato social em processo, a noção de texto inclui não só a escritura, edição e circulação, mas também sua leitura (utilização)" (Magnani, 1989).

22 FERNANDO RODRIGUES DE OLIVEIRA

[...] conjunto de textos – escritos por adultos para serem lidos por crianças e/ou jovens – que constituem um *corpus*/gênero historicamente oscilante entre o literário e o didático e que foram paulatinamente sendo denominados como "literatura infantil e/ou juvenil", em razão de certas características do *corpus* e certos funcionamentos sedimentados historicamente, por meio, entre outros, da expansão de um mercado editorial específico e de certas instâncias normatizadoras, como a escola e a academia.

Em relação à expressão "formação de professores", utilizo-a como o "[...] preparo específico para o desenvolvimento da função de ensinar" (Labegalini, 2005, p.16) e que, de acordo com Magnani (1993, p.30), é "parte do processo de formação de sujeitos, num dado momento histórico, em determinadas relações sociais de trabalho. O preparo específico e a prática dessa profissão caracterizam-se por aprender a ensinar, a aprender, a analisar e formular concepções de mundo e formas de atuação".

Sobre a expressão "formação de professores primários", ela refere-se à formação de professores que tinham como finalidade lecionar nos quatro primeiros anos do curso primário, hoje equivalente às quatro (ou cinco) primeiras séries/anos do Ensino Fundamental, que, no caso do estado de São Paulo, ocorreu em diferentes cursos, como Cursos Normais, de Escolas Normais e Institutos de Educação, Habilitação Específica para o Magistério (HEM) e Centro Específico de Formação e Aperfeiçoamento do Magistério (Cefam).

No que diz respeito à especificidade da fonte documental selecionada – manual de ensino –, essa é aqui entendida no sentido em que utilizamos nas pesquisas desenvolvidas no âmbito do GPHELLB, a saber: um tipo de livro didático destinado à utilização em cursos de formação de professores e que contém os saberes teóricos e práticos considerados necessários para que os professorandos aprendam a ensinar determinada disciplina ou matéria do curso primário. Nesse sentido, eles são "concretizações" de propostas para o ensino de conteúdos específicos elaborados em sintonia com urgências educacionais, sociais e políticas do momento histórico em que foram produzidos (Mortatti, 2000b).

Para Carvalho (2006, 2007), os manuais de ensino, de modo geral, podem ser classificados como: "tratados", que são os que compendiam teorias sobre um campo de saber, "expondo-as analiticamente por meio de argumentos de autoridade e exemplos" (Carvalho, 2006, p.8); "caixas de utensílios", que apresentam uma espécie de rotina ou fornecem "ao professor 'coisas para usar' na sala de aula, compondo um programa curricular" (ibidem, p.3); e "guias de aconselhamento", que são os que apresentam "conselhos" baseados em princípios morais e com base em experiências práticas na escola.

Em relação às opções teórico-metodológicas, optei pela abordagem histórica do tema, com base, especialmente, nas contribuições da vertente historiográfica que se convencionou denominar "História Cultural" ou "História Nova", pautando-me, em especial, por Chartier (1990a,b, 2009), Chervel (1990) e Le Goff (2003). Embora não pertencente a essa vertente historiográfica, utilizo-me, também, das considerações de Benjamin (1994), sobre o conceito de história.

Caracterizada por um movimento de descontinuidades metodológicas na sua constituição e de diferentes posicionamentos de seus adeptos, relativamente aos modos de se produzir e compreender a história, a história cultural trouxe à tona o olhar para fontes e objetos antes inexplorados pela historiografia, sobretudo no campo da história da educação, a partir da qual se passou a priorizar: "uma história que já não confunde os discursos sobre educação com os reais processos educativos e que pode propor (uma vez clarificados a função e funcionamento da escola em seus diferentes níveis) um novo exame dos antigos interesses: as teorias e projectos pedagógicos, os métodos de ensino, os conteúdos ensinados" (Chartier, 1990a, p.162).

Partindo desse ponto de vista, a vertente da história cultural, tal como é aqui entendida, é aquela que "tem por objecto principal identificar o modo como em diferentes lugares e momentos uma determinada realidade social é construída, pensada, dada a ler" (ibidem, p.16-17), o que demanda a tentativa de avanço em relação a outros dois modelos da história cultural, a história das mentalidades e a história quantitativa, baseada na história econômica e social (Chartier, 2009).

Com base nessa concepção de Chartier (1990a, 2009), o desenvolvimento da pesquisa histórica pressupõe "fazer com que o objeto [investigado] apareça no emaranhado de suas mediações e contradições; recuperar como este objeto foi constituído, tentando reconstituir sua razão de ser ou aparecer a nós segundo experiência social, em vez de determiná-lo em classificações e compartimentos fragmentados" (Vieira et al., 2005, p.10-11).

Desse ponto de visto, articular historicamente o passado não significa "conhecê-lo 'como ele foi'. Significa apropriar-se de uma reminiscência tal como ela relampeja no momento de um perigo" (Benjamin, 1994, p.224), já que a história não é um lugar cujo "tempo é homogêneo e vazio, mas um tempo suturado de 'agoras'" (ibidem, 1994, p.229).

Especificamente em relação à pesquisa histórica do "fenômeno educativo", segundo Mortatti (1999, p.73), ela se caracteriza por ser "um tipo de pesquisa científica, cuja especificidade consiste, do ponto de vista teórico-metodológico, na abordagem histórica – no tempo – do fenômeno educativo em suas diferentes facetas". Para tanto, faz-se necessária a utilização de documentos, aqui compreendidos como "uma montagem, consciente ou inconsciente, da história, da época, da sociedade que o produziram, mas também das épocas sucessivas durante as quais continuaram a viver, talvez esquecidas, durante as quais continuou a serem manipuladas, ainda que pelo silêncio" (Le Goff, 2003, p.538).

Compêndio de literatura infantil (1959), escolhido como documento que compõe o *corpus* privilegiado da pesquisa, é aqui tratado como "configuração textual": "resultante de um trabalho discursivo, consciente ou não, de determinado(s) sujeito(s) do momento histórico em que foi produzido, assim como de seus pósteros, para os quais continuam a existir, manipulados seja pelo combate acusatório, seja pelo esquecimento silencioso nem sempre inocente" (Mortatti, 2000b, p.30).

Para análise de *Compêndio de literatura infantil* (1959), utilizei o método de análise proposto por Mortatti (2000b, p.31), decorrente do conceito de "configuração textual", que consiste na análise do:

[...] conjunto de aspectos constitutivos de determinado texto, os quais se referem: às opções temático-conteudísticas (o quê?) e estruturais-formais (como?), projetadas por um determinado sujeito (quem?), que se apresenta como autor de um discurso produzido de determinado ponto de vista e lugar social (de onde?) e momento histórico (quando?), movido por certas necessidades (por quê?) e propósitos (para quê), visando a determinado efeito em determinado tipo de leitor (para quem?) e logrando determinado tipo de circulação, utilização e repercussão.

Segundo Mortatti (2000b, p.15), por meio do método de análise da "configuração textual" se busca a "construção de uma representação, a partir da problematização de outras representações construídas e tomadas como *corpus*, mas que não devem ser confundidas como o objeto de investigação, uma vez que não são 'dados' e 'só falam, quando se sabe interrogá-los'".

Desse ponto de vista, essa pesquisa buscou compreender o objeto investigado no movimento em que dele se extrai:

[...] uma época determinada do curso homogêneo da história; do mesmo modo, ele extrai da época uma vida determinada e, da obra composta durante essa vida, uma obra determinada. Seu método resulta em que na obra o conjunto da obra, no conjunto da obra a época e na época a totalidade do processo histórico são preservados e transcendidos. O fruto nutritivo do que é compreendido historicamente contém em seu *interior* o tempo, como sementes preciosas, mas insípidas. (Benjamin, 1994, p.231, grifo do autor)

* * *

O plano resultante da materialização discursiva das questões apresentadas neste livro organiza-se da seguinte forma: no Capítulo 1, apresento aspectos relacionados a autores, produção e circulação de manuais e capítulos sobre literatura infantil no Brasil; no Capítulo 2, apresento os aspectos da vida, formação e atuação profissional de Bárbara V. de Carvalho e da bibliografia *de* e *sobre* essa professora e escritora; no Capítulo 3, apresento os aspectos relacionados à forma e ao conteúdo de *Compêndio de literatura infantil*, além dos aspectos relacionados às editoras que publicaram as diferentes edições desse manual de ensino; no Capítulo 4, apresento aspectos da produção *sobre* literatura infantil de Bárbara V. de Carvalho e relação que essa produção estabelece com seu manual de ensino; no Capítulo 5, apresento aspectos da formação de professores primários do momento histórico no qual *Compêndio de literatura infantil* foi publicado; no Capítulo 6, apresento os principais textos que integram a produção brasileira *sobre* literatura infantil e como essa produção se relaciona com *Compêndio de literatura infantil*; e, à guisa de Conclusão, apresento as contribuições de Bárbara V. de Carvalho na história do ensino da literatura infantil no Brasil.

1
A produção e circulação de manuais e capítulos para o ensino da literatura infantil no Brasil

Os autores

A partir da instituição da literatura infantil como disciplina dos cursos de formação de professores primários no Brasil, nas décadas iniciais do século XX, alguns professores da época passaram a escrever e a ter publicados manuais de ensino de literatura infantil e capítulos sobre literatura infantil contidos em manuais de ensino de língua e literatura. Segundo Bittencourt (2004), pensar a história do livro didático, nesse caso, os manuais de ensino de literatura infantil, inclui pensar o autor e a sua função na produção específica desse tipo de livro. Segundo Foucault (2006), o autor constitui-se como personagem importante ao fornecer um nome próprio às obras, acentuando o caráter de responsabilidade que presume um estado de direito e, portanto, sujeito a sanções penais como proprietário de uma obra literária.

Segundo Miranda e Cascais (2006, p.21):

> O nome do autor não é um nome próprio como qualquer outro, mas antes um instrumento de classificação de textos e um protocolo de relação entre eles ou diferenciação face a outros, que caracteriza um modo particular de existência do discurso, assinalando o respectivo estatuto numa cultura dada.

Com base nessas considerações e a fim de compreender aspectos relativos à história do ensino da literatura infantil no Brasil, apresento aspectos relevantes e que pude localizar, em relação à formação e atuação profissional dos autores de manuais e capítulos sobre literatura infantil.

Dos 23 autores de manuais e capítulos sobre literatura infantil, nove são autores de manuais de ensino de literatura infantil, e 14 são autores de capítulos sobre literatura infantil.

Os autores de manuais de ensino são: Antônio D'Ávila; Bárbara Vasconcelos de Carvalho; Fanny Abramovich; José Benedicto Pinto; Lúcia Pimentel Góes; Manoel Cardoso; Maria Antonieta Antunes Cunha; Martina Sanches; e Therezinha J. Franco Farah.

Os autores de capítulos em manuais de ensino são: Afrânio Peixoto; Alaíde Lisboa de Oliveira; Aldo de Assis Dias; Antenor Santos de Oliveira; Conceição Perkles Monteiro; Consuelo da Silva Dantas; Hernâni Donato; Jeaneta Budin; Júlio Gouveia; Lenyra C. Fraccaroli; Maria Helena Cozzolino Oliveira; Nelly Novaes Coelho; Orlando Leal Carneiro; Thales Castanho de Andrade.

Dentre esses 23 autores, duas – Maria Helena Cozzolino Oliveira e Conceição Perkles Monteiro – são coautoras do capítulo "Literatura infantil", do manual de ensino *Metodologia da linguagem* (Oliveira; Monteiro, 1980).

Dos 14 autores de capítulos, Aldo de Assis, Antenor Santos de Oliveira, Consuelo da Silva Dantas, Hernâni Donato, Júlio Gouveia, Lenyra C. Fraccaroli e Thales Castanho de Andrade são os que tiveram os seus respectivos capítulos publicados em um mesmo livro – *Curso de literatura infantil* (Oliveira, [1958b]) –, que considerei ter "funcionado" como um manual de ensino.

Ressalto que, apesar do esforço em tentar localizar informações sobre todos os autores de manuais e capítulos sobre literatura infantil, não localizei a mesma quantidade de informações referentes a todos os autores, e, em alguns casos, não localizei nenhuma informação.

Em relação aos autores sobre os quais não localizei nenhuma informação, têm-se: Maria Helena Cozzolino Oliveira; Conceição Perkles Monteiro; Therezinha J. F. Farah; José Benedicto Pinto; Antenor Santos de Oliveira; Consuelo da Silva Dantas e Aldo de Assis.

BÁRBARA VASCONCELOS DE CARVALHO... 29

Apresento, a seguir, os principais aspectos da formação e atuação profissional dos autores de manuais e capítulos sobre literatura infantil. Como o compêndio de autoria de Bárbara V. de Carvalho consiste no *corpus* documental da pesquisa de que resultou este livro, optei por apresentar as informações sobre sua formação e atuação profissional apenas no Capítulo 3.

Afrânio Peixoto[1] nasceu na cidade de Lençóis (BA), em 1876, e diplomou-se médico aos 21 anos de idade, em 1897, pela Faculdade de Medicina da Bahia (Lopes, 2002). Em relação à sua atuação profissional, além de professor da Faculdade de Medicina da Bahia, foi diretor da Escola Normal do Distrito Federal; diretor geral da instrução pública do Distrito Federal, e reitor da Universidade do Distrito Federal (ibidem). Peixoto faleceu em 1947, "escritor, médico e educador, [...] e [autor] de uma das mais numerosas e variadas bibliografias brasileiras da metade do século" (ibidem, p.663).

Alaíde Lisboa de Oliveira nasceu na cidade de Lambari (MG), em 1904, e diplomou-se professora pela Escola de Aperfeiçoamento Pedagógico, de Belo Horizonte (MG). Em relação à sua atuação profissinal, foi professora primária durante o anos 1930; professora de Português no Instituto de Educação de Belo Horizonte, durante 18 anos; professora de Didática Geral e Especial de Português, no Colégio de Aplicação de Belo Horizonte; e coordenadora do curso de Pós-Graduação da Faculdade de Educação da Universidade Federal de Minas Gerais (UFMG) (Coelho, 1983). Além de professora e autora de manual de ensino, Alaíde Lisboa de Oliveira também foi autora de livros *de* literatura infantil (ibidem).

Antônio D'Ávila[2] nasceu na cidade de Jaú (SP), em 1903, realizou seus estudos primários em grupos escolares na cidade de São Paulo e diplomou-se pela Escola Normal de São Paulo, em 1920 (Trevisan, 2003). Durante as décadas de 1920 e 1930, Antônio D'Ávila atuou

---

1 Optei por organizar a apresentação dos autores em ordem alfabética de seus prenomes, para tornar mais ágil a localização das informações.

2 Para informações mais detalhadas sobre Antônio D'Ávila, ver, especialmente: Trevisan (2003; 2007).

como professor em cidades do interior do estado de São Paulo e, a partir de 1931, passou a atuar na capital do estado, como professor de Escola Normal Livre (Trevisan, 2007). Em 1989, aos 86 anos de idade, Antônio D'Ávila faleceu na cidade de São Paulo.

Fanny Abramovich nasceu na cidade de São Paulo (SP), formou-se em Pedagogia pela Universidade de São Paulo e atuou, inicialmente, como professora de crianças (Coelho, 2006). "Nos anos de 1966-1968, com o endurecimento do governo militar, foi estudar em Paris. Ao voltar, abriu uma escolinha de artes para crianças. Tornou-se jornalista, escrevendo sobre livros, tevê e discos para pequenos" (ibidem, p.253). Além de autora de um manual de ensino, Fanny Abramovich foi "Escritora, jornalista, [e] crítica literária [...]" (ibidem, p.253).

Hernâni Donato nasceu na cidade de Botucatu (SP), em 1922, matriculou-se na Escola Livre de Sociologia e Política de São Paulo, em 1940, e, em 1942, foi contratado para lecionar como professor de Merceologia e Tecnologia Merceológica da Escola Técnica de Comércio Nossa Senhora de Lourdes, de Botucatu (Mello, 1954). Dentre os cargos ocupados por Donato, destacam-se: professor da cadeira Português, da Escola Técnica de Comércio Nossa Senhora de Lourdes, de Botucatu; redator e diretor de diversos jornais e revistas; e professor de Geografia Humana na Escola de Formação de Líderes Sindicais (Coelho, 1983).

Até o momento de elaboração deste livro, as únicas informações que localizei sobre J. Budin[3] são as apresentadas em artigo e TCC de autoria de Sales (2009), segundo a qual, Jeanetta Budin nasceu em 1914 e faleceu em 1953 e foi professora catedrática do Instituto de Educação do Distrito Federal, tendo atuado como professora de língua portuguesa, na cidade do Rio de Janeiro, entre as décadas de 1940 e 1950 (ibidem). Ainda segundo Sales (2009), durante o desenvolvimento de sua pesquisa, ela localizou diferentes formas de se grafar o nome de J. Budin. Apesar dessas diferenças, segundo Sales (2009), em documentos do Instituto de Educação do Distrito Federal, local onde atuou J. Budin, consta a forma "Jeanetta Budin", motivo pelo qual optei por utilizar essa forma e não as demais que também são apresentadas por Sales (2009).

---

3 Para informações mais detalhadas sobre J. Budin, ver, especialmente: Sales (2009).

Até o momento de elaboração deste livro, não localizei muitas informações sobre a formação e atuação profissional de Júlio Gouveia, apenas localizei as informações contidas na seção "Biografias" do *site Pró-TV* – Associação dos Pioneiros, Profissionais e Incentivadores da TV Brasilira (PRÓ-TV, [s.d.]). De acordo com as informações contidas nesse *site*, Júlio Gouveia nasceu em 1914, formou-se em medicina e posteriormente se especializou em psiquiatria. Juntamente com Tatiana Belinky, criou a versão televisiva de *O sítio do pica-pau amarelo*, exibida pela TV Paulista, em 1952. Além dessas adaptações, Júlio Gouveia e Tatiana Belinky adaptaram para a televisão os seguintes livros: *Pollyana,* de Eleanor Porter; *O pequeno lorde,* de Frances Hodgson Brunett; *Heidi,* de Johanna Spyri; e *A moreninha,* de José de Alencar (PRÓ-TV, [s.d.]). Após vários anos se dedicando à televisão brasileira, Júlio Gouveia resolveu se afastar da vida artística e passou a atuar apenas como médico (ibidem) e, aos 74 anos de idade, em 1988, faleceu de um infarto.

De acordo com Coelho (1983), Lenyra de Arruda Camargo Fraccaroli nasceu na cidade de Rio Claro (SP), em 1908. Porém, de acordo com informações contidas no *Dicionário de autores paulistas* (Mello, 1954), Lenyra Fraccaroli nasceu na cidade de Anápolis (GO), em 1908, e realizou seus estudos primários na cidade de Rio Claro (SP). Lenyra Fraccaroli diplomou-se professora, em 1932, pela Escola Normal Caetano de Campos, na cidade de São Paulo (SP), e, em 1940, diplomou-se em biblioteconomia pela Faculdade de Sociologia de São Paulo (Mello, 1954). Em relação à sua atuação profissional, Fraccaroli atuou na organização da biblioteca da Escola Normal Caetano de Campos, foi "Nomeada inspetora nessa Escola, exerceu esse cargo durante dois meses, quando, em julho de 1935, foi convidada pelo Departamento de Cultura da Prefeitura Municipal para organizar a primeira Biblioteca Infantil do estado de São Paulo" (Coelho, 1983).

Lúcia Pimentel de Sampaio Góes[4] nasceu na cidade de Amparo (SP), em 1934, e graduou-se em Ciências Jurídicas e Sociais, em 1958,

---

4   Para a apresentação das informações sobre Lúcia Pimentel Góes, consultei o *Curriculum vitae* da autora na Plataforma Lattes.

32 FERNANDO RODRIGUES DE OLIVEIRA

pela Universidade de São Paulo (USP). No ano de 1981, concluiu o mestrado em letras, na USP, e doutorou-se em letras, também pela USP, no ano de 1989, ambas as pesquisas desenvolvidas sob orientação de Nelly Novaes Coelho. Atualmente, Lúcia Pimental Góes é professora aposentada da USP e, além de autora de manual de ensino de literatura infantil, é autora de diversos artigos em periódicos, livros *sobre* literatura infantil e educação e é autora de vários livros *de* literatura infantil, pelos quais recebeu alguns prêmios.

Manoel Cardoso nasceu na cidade de Nossa Senhora das Dores (SE), em 1932, iniciou seus estudos primários no estado do Sergipe e, posteriormente, mudou-se para a cidade de São Paulo (SP), onde se graduou em letras, em 1960, pela Faculdade de Filosofia e Ciências Humanas da USP (Coelho, 2006). "Professor, poeta, compositor e participante de atividades ligadas à cultura [...]" (ibidem, p.509), Manoel Cardoso escreveu diversas crônicas, poemas e contos para jornais de Sergipe e São Paulo (ibidem). Além disso, participou e organizou diversos eventos culturais na cidade de São Paulo, fez parceria com os maestros Alpheu Piedade e Desideriu Romaneck Filho, para compor contos folclóricos, e trabalhou em programas de televisão da TV Cultura, do estado de São Paulo (ibidem).

Martina Sanches nasceu na cidade de Pirajú (SP), em 1937, concluiu o curso normal, em 1956, no Instituto de Educação Cel. Nhonhô Braga, de Pirajú, e ingressou, em 1957, na Faculdade de Filosofia, Ciências e Letras de Sorocaba (SP), onde cursou licenciatura em Geografia (Coelho, 1983). No ano 1962, passou a atuar como professora de 1º e 2º graus e, no ano 1979, assumiu a cadeira Geografia e Estudos Sociais na E.E.P.G Ataliba Leonel, de Pirajú (ibidem). Martina Sanchez também licenciou-se em pedagogia educacional e participou da reforma do ensino do estado de São Paulo, para a implantação da Lei de Diretrizes e Bases para a Educação Nacional n.5692, de 1971 (ibidem). Além de atuar como professora e ocupar cargos adminstrativos na educação paulista, Sanchez foi autora de livros de literatura infantil. (ibidem).

Maria Antonieta Antunes Cunha atuou como professora adjunta da Faculdade de Letras da UFMG, nos cursos de Graduação e Pós--Graduação em letras, e atuou como professora de Comunicação e

Expressão do Instituto de Educação de Minas Gerais. De acordo com informações disponíveis no *site* da 13ª Jornada Nacional de Literatura, Maria Antonieta Antunes Cunha atuou como professora dos cursos de Biblioteconomia, de Educação e de Comunicação da UFMG,[5] criou e dirigiu a Biblioteca Pública Infantil de Belo Horizonte (MG), atualmente exerce a função de presidente da Fundação Municipal de Cultura de Belo Horizonte e coordena os cursos de especialização em Literatura Infantil e Arte-Educação da Pontifica Universidade Católica de Minas Gerais (Jornada Nacional de Literatura, [s.d.]).

Nelly Novaes Coelho[6] nasceu na cidade de São Paulo (SP), em 1922, graduou-se em letras neolatinas pela USP, em 1959, e doutorou-se em Letras, em 1967, também pela USP. Na década de 1960, Nelly Novaes Coelho atuou junto à Faculdade de Filosofia, Ciências e Letras de Marília (SP) (FFCL) e, segundo Castro (2005), em 1962, planejou e executou a organização do Departamento de Didática da FFCL. Além de autora de manual de ensino, Nelly Novaes Coelho teve publicados 78 artigos em periódicos, 28 livros e 36 capítulos de livros, sendo a grande maioria relacionada com a literatura infantil brasileira.

Até o momento de elaboração deste livro, não localizei muitas informações sobre a formação e atuação profissional de Orlando Leal Carneiro, apenas localizei as informações contidas no TCC *Um estudo sobre* Metodologia da linguagem (1955), *de Orlando Leal Carneiro* (Galuzzi, 2006). Segundo Galuzzi (2006), Orlando Leal Carneiro nasceu em 1893 e faleceu em 1977, tendo atuado como professor catedrático da disciplina Metodologia da Linguagem na Universidade Católica e no Instituto de Educação do Distrito Federal, e foi "chefe Distrito Educacional da prefeitura do Rio de Janeiro, por cinco anos".

Thales Castanho de Andrade[7] nasceu em 1890 atuou no magistério do interior do estado de São Paulo, tendo atuado como diretor geral do

---

5 No *site* da 13ª Jornada Nacional de Literatura não há maiores informações sobre esses cursos. Também não pude confirmar se eles realmente têm essa denominação.

6 Para a apresentação das informações sobre Nelly Novaes Coelho, consultei o *Curriculum vitae* da autora na Plataforma Lattes.

7 Para informações mais detalhadas sobre Thales Castanho de Andrade, ver, especialmente: Carradore (2004).

34 FERNANDO RODRIGUES DE OLIVEIRA

Departamento de Educação do estado de São Paulo (Coelho, 1983).
Além disso, Thales Castanho de Andrade atuou na organização de
uma coleção para a Companhia Editora Melhoramentos, e é autor de
"dezenas de estórias infantis, onde ecoam as mais diversas fontes por
ele aproveitadas" (ibidem, p.861).

Apresento, no Quadro 1, a relação dos autores de manuais de ensino ou capítulos sobre literatura infantil, produzidos por brasileiros
entre 1923 e 1991.

Quadro 1 – Autores de manuais ou de capítulos sobre literatura infantil, por tipo de texto[8]

Autor / Tipo de texto	Manuais de literatura infantil	Capítulos sobre literatura infantil	Total por autor
Abramovich, Fanny	1	–	1
Andrade, Thales Castanho de	–	1	1
Budin, J.	–	1	1
Cardoso, Manoel.	1	–	1
Carneiro, Orlando Leal.	–	1	1
Carvalho, Bárbara V. de.	1	–	1
Coelho, Nelly Novaes	–	1	1
Cunha, Maria A. Antunes.	2	–	2
D´Ávila, Antônio	1	1	2
Dantas, Consuelo da Silva	–	1	1
Dias, Aldo de Assis	–	1	1
Donato, Hernâni	–	1	1
Farah, Therezinha J. F.	1	–	1
Fraccarolli, Lenyra C.	–	1	1
Góes, Lúcia Pimentel	1	–	1
Gouveia, Júlio de	–	1	1
Oliveira, Antenor S. de	–	1	1
Oliveira, Alaíde Lisboa de	–	1	1
Oliveira; Maria H. C.; Monteiro, Conceição P.*	–	1	1

continua

---

8 Para a elaboração dos quadros que apresento neste capítulo, considerei apenas
uma edição de cada título: ou a primeira edição ou a mais antiga que localizei.

Autor	Tipo de texto	Manuais de literatura infantil	Capítulos sobre literatura infantil	Total por autor
Peixoto, Afrânio		–	1	1
Pinto, José Benedicto		1	–	1
Sanchez, Martina		1	–	1
Total por tipo de texto		10	14	–
Total geral			24	

* Optei por deixar juntos os nomes dessas autoras pelo fato de elas terem escrito em coautoria o texto a que me refiro neste quadro.
Fonte: Oliveira (2009a).

Por meio dos dados apresentados no Quadro 1, é possível observar que o único autor que teve publicados um manual de ensino de literatura infantil e um capítulo sobre literatura infantil foi Antônio D'Ávila.

Trata-se, respectivamente, do manual de ensino *Literatura infanto-juvenil:* de acordo com o programa das escolas normais (D'Ávila, 1961);[9] e do capítulo "Literatura infanto-juvenil" contido no manual *Práticas escolares:* de acordo com o programa de prática do ensino do curso normal e com orientação do ensino primário (D'Ávila, 1954).

Ainda de acordo com os dados apresentados no Quadro 1, a grande maioria dos autores de manuais tem apenas um título publicado no período entre 1923 e 1991, e apenas uma autora – Maria Antonieta Antunes Cunha (1968; 1983) – teve dois títulos publicados: *Como ensinar literatura infantil* e *Literatura infantil:* teoria & prática.

Dentre os autores de manuais de ensino de literatura infantil, Antenor Santos de Oliveira é o único organizador de um livro e também autor de um dos artigos que integram esse livro.

Apresento, no Quadro 2, a relação dos autores e respectivos títulos de manuais de ensino e capítulos sobre literatura infantil, produzidos por brasileiros entre 1923 e 1991, organizados por década de publicação.

---

9 De acordo com Mello Neto (1990), *Literatura infanto-juvenil:* de acordo com o programa das escolas normais, de Antônio D'Ávila, teve sua primeira edição publicada em 1958. Porém, de acordo com informações em bases de dados *online* e em acervos físicos, pude constatar que a data da primeira edição é de 1961, por isso, utilizarei a data de 1961 como a data da primeira edição desse manual.

36 FERNANDO RODRIGUES DE OLIVEIRA

Quadro 2 – Autores e respectivos títulos de manuais e/ou capítulos sobre literatura infantil, por década de publicação

Década de publicação	Autor	Título do manual de ensino	Título do capítulo sobre literatura infantil
1920	Peixoto, A.	–	"Literatura infantil".
1940	Budin, J.	–	"Literatura infantil".
1950	Carneiro, O. L.	–	"A literatura na Escola".
	Oliveira, A. S. de.	–	"A literatura infantil através dos tempos"
	Andrade, T. C. de	–	"A arte de escrever para a infância"
	Dantas, C. da. S.	–	"Aspectos da literatura infantil na escola primária"
	Dias, A. A.	–	"Influência da má literatura na infância e juventude"
	Gouveia, J. de	–	"Teatro infantil"
	Fraccaroli, L. C.	–	"Organização e funcionamento de uma biblioteca escolar"
	Donato, H.	–	"O folclore – base da literatura infantil"
	Carvalho, B. V. de	*Compêndio de literatura infantil*	–
	D'Ávila, A.	–	"Literatura infanto-juvenil"
1960	D'Ávila, A.	*Literatura infanto-juvenil*	–
	Pinto, J. B.	*Pontos de literatura infantil*	–
	Coelho, N. N.	–	"O ensino da literatura infantil"
	Cunha, M. A. A.	*Como ensinar literatura infantil*	–

continua

Década de publicação	Autor	Título do manual de ensino	Título do capítulo sobre literatura infantil
1980	Oliveira, A. L. de	–	"Ler: leitura e literatura"
	Cunha, M. A. A.	*Literatura infantil: teoria & prática*	–
	Oliveira, M. H. C.; Monteiro, C. P.	–	"Literatura infantil".
	Góes, L. P.	*Introdução à literatura infantil e juvenil*	–
	Abramovich, F.	*Literatura infantil: gostosuras e bobices*	–
1990	Cardoso, M.	*Estudos de literatura infantil*	–
[19--]	Farah, T. J. F.	*Prática da literatura infantil na escola primária*	–
	Sanchez, M.	*Pequeno tratado da literatura infantil e infanto-juvenil*	–

Fonte: Oliveira (2009a).

De acordo com as informações apresentadas no Quadro 2 e considerando que o livro *Ensinar a ensinar: ensaios de pedagogia aplicada à educação nacional* (Peixoto, 1923) "funcionou" como manual de ensino, é possível afirmar que Afrânio Peixoto é autor do primeiro capítulo sobre literatura infantil.

Seguido de Afrânio Peixoto, os primeiros autores de capítulos sobre literatura infantil são: J. Budin, autora de um manual de ensino de metodologia da linguagem, publicado em 1949, que contém um capítulo sobre literatura infantil; Orlando Leal Carneiro, também autor de um manual de ensino de metodologia da linguagem, publicado na década de 1950, que contém um capítulo sobre literatura infantil; e os autores dos capítulos que compõem o livro *Curso de literatura infantil*, Aldo de Assis, Antenor Santos de Oliveira, Consuelo da Silva Dantas, Hernâni Donato, Júlio Gouveia, Lenyra C. Fraccaroli e Thales Castanho de Andrade.

38 FERNANDO RODRIGUES DE OLIVEIRA

De acordo com os dados apresentados no Quadro 2, o autor do manual de ensino mais recente que localizei é Manoel Cardoso, autor de *Estudos de literatura infantil*, publicado em 1991. Ainda de acordo com os dados apresentadas no Quadro 2, constata-se que, dos 23 autores de manuais de ensino ou capítulos sobre literatura infantil, 13 são mulheres e dez são homens. Até a década de 1950, a predominância era de autores homens – oito homens e quatro mulheres – e, a partir da década de 1960, passa a ser de mulheres – dois homens e nove mulheres. Esse fato pode estar relacionado com o processo de "feminização" do magistério, ocorrido, gradativamente, ao longo do século XX (Chamon, 2005).

A produção

Segundo Mortatti (2000b, p.197),

[...] acompanhando o anseio de nacionalização e o novo "clima cultural da década de vinte", a novidade, a partir de 1930, é a sedimentação de uma produção mais sistemática e frequente de educadores brasileiros – e, dentre esses, paulistas -, que abordando questões pedagógicas [...] passam a circular [...] sob a forma de: livros de divulgação, contendo ensaios, relatórios de pesquisas experimentais ou propostas de ensino originais; e manuais de ensino para o uso especialmente em escolas normais e institutos de educação.

Ainda segundo Mortatti (2000b), "trata-se de um material produzido por autores brasileiros – sobretudo atuando em São Paulo e Rio de Janeiro – e especialmente destinados à utilização em cursos de formação de professores primários" e que foram utilizados

[...] desde o século XIX nas mais diversas partes do mundo [...] onde houve esforços para democratizar as oportunidades escolares. Tais impressos foram leituras obrigatórias, sobretudo entre aquelas pessoas que não tiveram acesso a graus mais elevados de instrução e que, para ingressarem na carreira docente, limitaram seus estudos ao âmbito das Escolas Normais ou do preparo para admissão na carreira do magistério. (Silva, 2003, p.44-5)

Esses manuais, que se destinavam a "ensinar" os professorandos a ensinarem os conteúdos de ensino,

[...] sustentaram a profissão docente cuja constituição foi palco de lutas intensas de afirmação social e institucional de novos campos e disciplinas científicas. [...] A (re)produção, circulação e apropriação dos conteúdos dos manuais pedagógicos estiveram, portanto, relacionados também às vicissitudes da institucionalização das Escolas Normais e da constituição de campos acadêmicos usados na área educacional. (Silva, 2005, p.27)

Para a compreensão dos aspectos relacionados à produção dos manuais e capítulos sobre literatura infantil no Brasil, elaborei o Quadro 3, no qual apresento o número de manuais de ensino de literatura infantil e capítulos sobre literatura infantil, ordenados por décadas de publicação.

Quadro 3 – Manuais e capítulos sobre literatura infantil, ordenados por década de publicação

Década \ Manual	Manuais de ensino de literatura infantil	Manuais que contêm capítulos sobre literatura infantil	Total por década
1920-1929	–	1	1
1930-1939	–	–	–
1940-1949	–	1	1
1950-1959	1	9	10
1960-1969	3	1	4
1970-1979	–	–	–
1980-1989	3	2	5
1990-1999	1	–	1
[19--]	2	–	2
Total por seção	**10**	**14**	–
Total geral	24		

Fonte: Oliveira (2009a).

Pelos dados apresentados no Quadro 3, pode-se afirmar que, até a década de 1950, foram publicados apenas capítulos sobre literatura infantil, e a partir dessa década, passaram a ser publicados os manuais específicos para o ensino da literatura infantil.

Ainda na década de 1950, especificamente no ano 1959, foi publicado *Compêndio de literatura infantil*, de Bárbara V. de Carvalho, primeiro compêndio específico para o ensino de literatura infantil. Nesse ano, além da publicação desse compêndio, foram publicados outros três capítulos sobre literatura infantil em manuais de ensino de língua e literatura.

Apesar de *Curso de literatura infantil*, que contém capítulos sobre literatura infantil escritos por diferentes autores, ter sido publicado, presumivelmente, em 1958, um ano antes de *Compêndio de literatura infantil*, de Bárbara V. de Carvalho, destaco que sua finalidade não era a de um compêndio ou manual de ensino de literatura infantil elaborado de acordo com os programas oficiais de ensino, como no caso do compêndio de Bárbara V. de Carvalho (1959). Os capítulos de *Curso de literatura infantil* decorrem de aulas sobre literatura infantil realizadas na Biblioteca Municipal de São Paulo, localizada na cidade de São Paulo, para professores e alunos das escolas normais paulistas, e que, em "virtude da falta de um compêndio útil a professores e formandas do Curso Normal, bem como aos cursos de aperfeiçoamento, a Editora Santos de Oliveira ouviu os apelos que lhe foram dirigidos no sentido de editar as respectivas aulas" (Oliveira, [1958b], p.5). Assim, considero que esse livro "funcionou" como um manual de ensino, como no caso do manual de Peixoto (1923).

No Quadro 3, é possível observar que, nas décadas de 1960 e 1980, foi publicado o maior número de manuais de ensino de literatura infantil e manuais com capítulos sobre literatura infantil e, na década de 1970, não foram publicados nem manuais de literatura infantil nem manuais com capítulos sobre literatura infantil. Presumo que a não publicação de novos manuais e capítulos sobre literatura infantil durante a década de 1970 esteja diretamente relacionada com as mudanças que ocorreram nos cursos de formação de professores, decorrentes da publicação da Lei n.5.692, de 11 de agosto de 1971.

É possível relacionar a publicação dos manuais de ensino de literatura infantil e capítulos sobre literatura infantil com o processo de constituição da literatura infantil como matéria/disciplina dos cursos de formação de professores, pois, no Rio de Janeiro (DF), de acordo com as informações apresentadas por Vidal (2001), a literatura infantil constituiu-se como matéria do curso normal do Instituto de Educação do Distrito Federal a partir do decreto 3.810, de 19 de março de 1932, que transformou a Escola Normal do Distrito Federal em instituto de educação e que, dentre outras mudanças, estabeleceu o novo programa para o curso de formação de professores primários. Ainda de acordo com Vidal (2001), "literatura infantil" fazia parte da seção "Matérias de Ensino Primário", da Escola de Formação de Professores, que se iniciava no fim do primeiro ano do curso de formação de professores e se estendia até o primeiro trimestre do segundo ano do curso de formação de professores.

No caso do estado de São Paulo, literatura infantil constituiu-se como matéria dos cursos normais, em 1947, mediante o Decreto n.17.698, de 26 de novembro, que reorganizou o ensino normal nesse estado (Labegalini, 2005). Dez anos depois da publicação desse decreto, em 1957, os cursos normais do estado de São Paulo passaram por nova reorganização com a publicação da Lei n.3.739, de 22 de janeiro de 1957 (ibidem),[10] por meio da qual Literatura Infantil constituiu-se como disciplina dos cursos normais.

Pelas informações que apresentei, é possível compreender que, na medida em que Literatura Infantil passou a integrar o programa dos cursos de formação de professores primários como matéria/disciplina, especialmente no estado de São Paulo, a produção de manuais que contêm capítulos sobre literatura infantil e manuais específicos para o ensino de literatura infantil aumentou.

---

10 No Capítulo 5 deste livro, apresento informações mais detalhadas sobre a constituição da Literatura Infantil como disciplina dos cursos de formação de professores e sobre os decretos e leis que mencionei nesse tópico.

A circulação

Para pensar sobre os aspectos relacionados à circulação dos manuais de literatura infantil e manuais que contêm capítulos sobre literatura infantil, considerei a circulação presumida por meio das informações referentes ao número de edições desses manuais. Apresento, no Quadro 4, a relação dos manuais de ensino de literatura infantil, o número das edições que localizei desses manuais e as respectivas datas da primeira edição ou edição mais antiga, e data da edição mais recente localizadas.

Quadro 4 – Número de edições localizadas dos manuais de ensino de literatura infantil e respectivas datas da primeira edição, ou edição mais antiga, e data da edição mais recente

Autores	Manual de ensino de literatura infantil	Edições localizadas	Ddata da 1ª. edição ou mais antiga que localizei	Data da edição mais recente
Carvalho, B. V.	*Compêndio de literatura infantil*: para o 3º ano normal	1ª, 2ª e 3ª	1959	[s.d.]
D'Ávila, A.	*Literatura infanto-juvenil*: de acordo com o programa das escolas normais	1ª, 3ª, 6ª e 8ª	1961	1967
Pinto, J. B.	*Pontos de literatura infantil*: para os alunos do 3º ano normal	4ª	1967	–
Cunha, M. A. A.	*Como ensinar literatura infantil*: para os colégios normais	1ª, 2ª e 3ª	1968	[s.d.]
Cunha, M. A. A.	*Literatura infantil*: teoria & prática	1ª, 4ª, 5ª, 6ª, 10ª, 11ª, 13ª e 18ª	1983	2003
Góes, L. P.	*Introdução à literatura infantil e juvenil*	1ª	1984	–

continua

Autores	Manual de ensino de literatura infantil	Edições localizadas	Ddata da 1ª. edição ou mais antiga que localizei	Data da edição mais recente
Abramovich, F.	*Literatura infantil:* gostosuras e bobices	1ª, 2ª, 3ª, 4ª e 5ª	1989	1997
Cardoso, M.	*Estudos de literatura infantil*	1ª	1991	–
Farah, T. J. F.	*Prática da literatura infantil na escola primária:* antologia de contos e planos de aula	1ª	[19--]	–
Sanchez, M.	*Pequeno tratado da literatura infantil e infanto-juvenil*	1ª	[19--]	–

Fonte: Oliveira (2009a).

Por meio das informações apresentadas no Quadro 4, pode-se observar que, apesar do grande número de edições de alguns manuais de ensino, não localizei referência de todas elas. Em relação a esse aspecto, no caso do manual *Literatura infantil*: teoria & prática, localizei referência apenas da 1ª e da 18ª edições.

Pelas informações apresentadas no Quadro 4, é possível observar que alguns manuais de ensino tiveram quantidade significativa de edições, o que indica a sua permanência entre os alunos dos cursos normais ou entre leitores interessados no tema da literatura infantil, como os professores em exercício.

De acordo com as informações apresentadas no Quadro 4, o manual de ensino que teve maior número de edições foi *Literatura infantil*: teoria & prática, de Maria Antonieta Antunes Cunha, cuja primeira edição foi publicada em 1983 e a última edição que localizei, a 18ª, foi publicada em 2003. E esse manual de ensino foi reeditado, portanto, por, pelo menos, vinte anos, tento tido uma média de quase uma edição por ano, entre 1983 e 2003.

Seguido desse, o manual de ensino que teve o maior número de edições foi *Literatura infanto-juvenil*: de acordo com o programa das escolas normais, de Antônio d´Ávila, cuja primeira edição é de 1961

44 FERNANDO RODRIGUES DE OLIVEIRA

e a última edição que localizei foi a oitava, de 1967.

De acordo com as informações apresentadas no Quadro 4, do total dos dez títulos de manuais de ensino de literatura infantil, três deles só tiveram publicada a primeira edição. São eles: *Prática da literatura infantil na escola primária*: antologia de contos e planos de aula [19--]; *Pequeno tratado da literatura infantil e infanto-juvenil* [19--]; e *Estudos de literatura infantil* (1991).

Em relação a *Pontos de literatura infantil*: para os alunos do 3º ano normal, de José Benedicto Pinto (1967), localizei apenas referência de um exemplar da quarta edição.

No Quadro 4, o número de manuais de ensino de literatura infantil pode não ser grande, se comparado, por exemplo, ao de manuais de ensino de pedagogia.[11] Apesar do número restrito de manuais de ensino de literatura infantil, considero que eles tiveram, por meio de suas reedições, uma circulação significativa no Brasil, tendo alguns títulos sido publicados até a década de 2000, como é o caso do manual de ensino de Maria Antonieta Antunes Cunha, *Literatura infantil*: teoria & prática, cuja edição mais recente que localizei é a 18ª, de 2003.

Outro aspecto que aponto, de acordo com as informações apresentadas no Quadro 3, é que, durante a década de 1970, não foram nem publicados nem reeditados manuais de ensino de literatura infantil. Durante a década de 1950 e 1960, foram publicados quatro manuais de ensino; e entre as décadas de 1980 e 1990, foram publicados outros quatro manuais de ensino. Além desses, foram publicados dois manuais de ensino, cuja data de publicação não pude precisar.

Apresento, no Quadro 5, relação dos manuais de ensino de língua e literatura que contêm capítulos sobre literatura infantil, o número das edições desses manuais que localizei e as respectivas datas da primeira edição e data da edição mais recente localizadas.

---

11 Segundo Trevisan (2008; 2011), entre os anos 1861 e 1960, circularam, no Brasil, pelo menos 96 títulos de manuais de pedagogia escritos por brasileiros e estrangeiros e destinados aos alunos dos cursos de formação de professores primários. A respeito dos manuais de pedagogia, ver, especialmente: Trevisan (2008, 2009, 2011).

Quadro 5 – Número de edições localizadas dos manuais de ensino que contêm capítulos sobre literatura infantil e respectivas data da primeira edição e data da edição mais recente

Autores	Título dos manuais que contêm capítulos sobre literatura infantil	Edições localizadas	Data da 1ª edição	Data da edição mais recente
Peixoto, A.	*Ensinar a ensinar:* ensaios de pedagogia aplicados à educação nacional	1ª, 2ª	1923	1937
Budin, J.	*Metodologia da linguagem:* para uso das escolas normais e institutos de educação	1ª,	1949	–
D'Ávila, A.	*Práticas escolares:* de acordo com o programa de prática de ensino do curso normal e com orientação do ensino primário	1ª, 2ª e 3ª	1954	1967
Carneiro, O.	*Metodologia da linguagem*	2ª e 3ª	1955	1959
Oliveira, A. S. (Org.)	*Curso de literatura infantil*	1ª.	[1958]	–
Coelho, N. N.	*O ensino da literatura:* sugestões metodológicas para o curso secundário e normal	1ª e 4ª	1966	1975
Oliveira, A. L.	*Ensino de língua e literatura*	2ª?	1979	–
Oliveira, M. H. C; Monteiro, C. P.	*Metodologia da linguagem*	1ª e 8ª	1980	1990

Fonte: Oliveira (2009a).

Pelas informações apresentadas no Quadro 5, pode-se observar que, apesar da diversidade de número de edições de alguns manuais de ensino de língua e literatura que contêm capítulos sobre literatura infantil, não localizei referência de todas essas edições, como é o caso do manual de ensino *Metodologia da linguagem*, de Maria Helena Cozzolino Oliveira e Conceição Perkles Monteiro. Em relação a esse manual, localizei referências de exemplares da primeira e da oitava edições, porém, não consegui localizar referência das demais edições desse manual.

Optei por indicar, no Quadro 5, o número da edição do manual *Ensino de língua e literatura*, de Alaíde Lisboa de Oliveira, acompanhado de uma interrogação, porque localizei um exemplar com data de 1979 que não contém capítulo sobre literatura infantil e localizei outro exemplar com data de 1980 que contém capítulo sobre literatura infantil, porém, em nenhum dos exemplares há a indicação do número da edição ou de reimpressão revista e aumentada. Por isso, considerei ser um exemplar da primeira edição publicado em 1979, e o publicado em 1980, como exemplar da segunda edição.

De acordo com as informações apresentadas no Quadro 5, é possível observar que o manual de ensino de língua e literatura que teve o maior número de edições foi *Metodologia da linguagem*, de Maria Helena C. Oliveira e Conceição Perkles Monteiro, pois localizei referência de um exemplar da oitava edição, de 1990.

Durante o desenvolvimento da pesquisa, não localizei referência da primeira edição de um manual de ensino de língua e literatura que contém capítulo sobre literatura infantil: *Metodologia da linguagem*, de Orlando Leal Carneiro. De acordo com Galluzzi (2006), a data da primeira edição de *Metodologia da linguagem* é, presumivelmente, 1950; no entanto, essa autora também não localizou referência da primeira edição desse manual.

De acordo com as informações apresentadas no Quadro 5, é possível observar que os manuais de ensino que contêm capítulos sobre literatura infantil circularam, especialmente, entre as décadas de 1950 e 1970, e um manual teve uma edição publicada durante a década de 1990. Anteriores à década de 1950, apenas dois manuais de ensino com capítulo sobre literatura infantil foram publicados, e esses não tiveram outras edições publicadas.

Com base na análise dos quadros e das informações que apresentei neste capítulo, é possível compreender que os primeiros autores de capítulos sobre literatura infantil em manuais de ensino de língua e literatura foram formados por escolas normais de estados brasileiros, ou por Faculdade de Medicina – como é o caso de Afrânio Peixoto –, e que a primeira autora a ter formação diferente dos que a antecederam foi Bárbara Vasconcelos de Carvalho, que diplomou-se em letras neolatinas, pela Faculdade de Filosofia da Universidade da Bahia.

Outro aspecto que ressalto é que os primeiros autores de capítulos sobre literatura infantil tiveram sua atuação marcada em diversas áreas da educação, mas nenhum deles se especializou no estudo e ensino da literatura infantil. Assim, Bárbara Vasconcelos de Carvalho é a primeira autora brasileira de um compêndio de literatura infantil e a primeira a ter formação na área de letras. Além disso, Bárbara Vasconcelos de Carvalho foi a primeira a se dedicar e se especializar no estudo e ensino da literatura infantil, o que passou a ocorrer com outras autoras brasileiras, como Maria Antonieta Antunes Cunha; Nelly Novaes Coelho; Lúcia Pimentel Góes; Fanny Abramovich; e Martina Sanches.

Com base nos quadros e informações que apresentei neste capítulo, é possível afirmar, ainda, que grande parte dos autores de manuais e capítulos também escreveram livros *de* literatura infantil e juvenil, como Bárbara Vasconcelos de Carvalho, Lúcia Pimentel Góes, Antônio d´Ávila, Fanny Abramovich e Manoel Cardoso.

2
BÁRBARA V. DE CARVALHO: PROFESSORA, AUTORA DE LIVROS DIDÁTICOS E ESCRITORA

Vida, formação e atuação profissional[1]

Filha caçula de Pedro Silva Vasconcelos e Alice Alves Vasconcelos, Bárbara Isabel Vasconcelos[2] nasceu no dia 5 de novembro de 1915, na cidade de Alagoinhas (BA), porém, foi registrada como tendo nascido na cidade de Salvador (BA), onde, posteriormente, realizou seus estudos primários e formou-se professora primária e de língua portuguesa. Durante a infância, ela demorou a frequentar a escola primária e por isso se autoalfabetizou. Segundo Carvalho (2010), ela fazia um cartão com furo no meio e colocava-o sobre as letras das palavras, depois sobre as silabas e, por meio da repetição das letras e sílabas, conhecia o alfabeto e aprendia a soletrar. Assim, aprendeu a ler e a escrever sem frequentar a escola. Somente quando tinha por volta de oito anos

---

1 As informações contidas neste capítulo foram localizadas em documentos que pertencem ao acervo pessoal de Bárbara Vasconcelos de Carvalho; em documentos que localizei na Escola Estadual Jácomo Stávale e Escola Estadual Dr. Manuel José Chaves; em Coelho (2006); em Carvalho (2010); em Santos (2010); em Belinky (1982); e, em Costa (1980).

2 Por se tratar de pesquisa histórica, usarei o nome "Bárbara Isabel Vasconcelos" – nome de solteira de Bárbara V. de Carvalho – sempre que mencionar informações que antecederam o seu casamento e, portanto, a modificação de seu nome.

Figura 1 – Foto de Bárbara Vasconcelos de Carvalho.

Fonte: Acervo pessoal de Coriolinda Vasconcelos de Carvalho.

de idade que uma prima sua a matriculou em uma escola primária, a antiga Escola Reunida dos Mares, atual Escola Estadual Castro Alves, localizada no bairro Calçada, em Salvador (BA), um dos mais antigos dessa cidade (ibidem, p.10).

Ainda durante a infância, quando tinha dez anos de idade, Bárbara Isabel Vasconcelos ficou órfã e "uma família que era vizinha [dos pais de Bárbara] ficou compadecida e tomou conta dela, mas ela tinha obrigações domésticas para poder ficar nessa casa" (ibidem, p.10). Depois de residir um período com essa família, seu único irmão, Álvaro Vasconcelos, 14 anos mais velho, casou-se e levou-a para residir com ele (ibidem).

Aos 18 anos de idade, em 1933, Bárbara Isabel Vasconcelos matriculou-se no curso normal do Instituto Normal da Bahia e diplomou-se professora, em 1936, pelo Colégio Nossa Senhora da Soledade e, de acordo com informações que constam no seu histórico escolar, ela foi aprovada com média 9,14.

Após formar-se professora, em maio de 1936, Bárbara Isabel Vasconcelos casou-se com Aurivaldo Farias de Carvalho,[3] recémformado médico cirurgião, e, desde então, passou a assinar Bárbara Vasconcelos de Carvalho. Da união matrimonial nasceram três filhas: Alice Vasconcelos de Carvalho, nascida em 13 de maio de 1937; Aída Vasconcelos de Carvalho, nascida em 24 de julho de 1938; e Coriolinda Vasconcelos de Carvalho, nascida em 15 de agosto de 1940.

Logo que se formou professora e se casou, Bárbara V. de Carvalho não iniciou sua atuação como professora, pois seu marido não gostava que ela tivesse atividades fora de casa. No entanto, por ele ser muito encantado com a capacidade dela de estudo, possibilitou-a ter alguns cursos em casa, sendo um deles ministrado pelo professor Ernesto Carneiro Ribeiro Filho (1942),[4] que, em documento manuscrito, datado

---

3 Filho de Coriolano Farias de Carvalho e Lindaura Farias de Carvalho, Aurivaldo Farias de Carvalho nasceu em 9 de março de 1913, em Savaldor (BA).

4 Filho de Ernesto Carneiro Ribeiro (1839-1920), Ribeiro Filho foi professor catedrático de gramática, presumivelmente do curso de Letras da Universidade da Bahia, lecionou no Colégio Carneiro Ribeiro, fundado por seu pai, em 1884, e ocupou cadeira na Academia Brasileira de Filologia e Academia Baiana de Letras.

52 FERNANDO RODRIGUES DE OLIVEIRA

de 18 de julho de 1942, atestou que: "a Profª. Bárbara Vasconcelos de Carvalho fez, sob minha direção, o curso de Português, revelando-se muito aplicada, inteligente e capaz de exercer com eficiência o ensino dessa disciplina, pois lhe sobram os requisitos para tal".

Sete anos após seu casamento, em 1943, o esposo de Bárbara V. de Carvalho faleceu com apenas trinta anos de idade, em decorrência de uma gangrena no apêndice. Em razão de sua viuvez precoce, ela teve que começar a trabalhar.

O primeiro trabalho de Bárbara V. de Carvalho foi como professora do Instituto Normal da Bahia, em Salvador (BA), onde lecionou entre os anos 1943 e 1952. Presumivelmente ainda atuando no Instituto Normal da Bahia, no ano de 1947, foi aprovada em concurso para o cargo de professora efetiva de Língua Portuguesa do Colégio Estadual da Bahia, em Salvador, onde permaneceu até 1952, e, entre os anos 1948 e 1949, ensinou Língua Portuguesa também no Colégio Carneio Ribeiro, em Salvador.

Além das instituições mencionadas, Bárbara V. de Carvalho ensinou Língua Portuguesa, de acordo com Costa (1980), no Ginásio de Itapagipe, escola pública localizada em Salvador; porém, não pude localizar informações sobre o período em que ela lecionou nesse ginásio, apenas pude confirmar que essa atuação ocorreu na década de 1940.

Por sua atuação no Instituto Normal da Bahia, no Colégio Estadual da Bahia e no Colégio Carneiro Ribeiro, Bárbara V. de Carvalho teve emitidos, a seu pedido, atestados manuscritos sobre a "capacidade" que demonstrou como professora de Língua Portuguesa nessas instituições. No caso do Instituto Normal da Bahia, os atestados foram emitidos pelo professor que ocupava o cargo de diretor, à época, Paulo Fábio Dantas; pelos ex-diretores Sólon Guimarães e Alberto de Assis; e pelo fiscal federal desse Instituto, padre Manoel de Aquino Barbosa.

No atestado emitido pelo fiscal federal, padre Manoel de Aquino Barbosa, datado de 30 de dezembro de 1948, consta a seguinte afirmação: "Atesto que a requerente ensinou Português no ginásio do Instituto Normal da Bahia, sob a minha inspeção, demonstrando a maior dedicação, assiduidade e zelo pela causa do ensino. Igualmente atesto que nada exista que possa afetar a sua idoneidade" (Barbosa, 1948).

No caso do Colégio Estadual da Bahia, o atestado foi emitido pelo inspetor federal desse colégio, Maerbal Marinho, na data de 24 de janeiro de 1949, transcrito a seguir:

Atesto, com a mais viva satisfação, e dentro dos mais rigorosos princípios de justiça, que, diante da época em que a requerente regeu turmas por mim inspecionadas no Colégio Estadual da Bahia, sempre lhe observei [...] viva dedicação pelo ensino, seja pela assiduidade às aulas, quer pela maneira metódica e racional de desenvolver os programas oficiais, seja, ainda, pela competência que, ao meu ver, sempre revelou. A luz dessas observações, cumpro, pois, em dever de justiça, em reconhecendo na Profª. Bárbara Vasconcelos de Carvalho um dos expoentes positivos da atual geração docente, que conheço. (Marinho, 1949)

No caso do Colégio Carneiro Ribeiro, o atestado foi emitido em 22 de janeiro de 1949 pelo professor que ocupava o cargo de diretor desse colégio, Helvécio Carneiro Ribeiro, que redigiu o seguinte: "Atesto que a peticionária foi professora deste estabelecimento, distinguindo-se pela sua esclarecida inteligência, ampla cultura e capacidade didática, julgando eu que pela sua atividade docente, faz honra a qualquer estabelecimento de ensino" (Ribeiro, 1949).

Mesmo tendo atuado em todas essas instituições, Bárbara V. de Carvalho, em decorrência da viuvez precoce, também trabalhou como escritora de crônicas para a Radio Sociedade de Salvador, com o propósito de aumentar a sua renda; porém, essas crônicas se perderam, não tendo sido possível localizar nenhum exemplar.

Concomitantemente à sua atuação como professora, em 1945, Bárbara V. de Carvalho foi aprovada no exame para ingresso no curso de letras neolatinas da Faculdade de Filosofia da Universidade da Bahia, tendo se diplomado bacharel e licenciada em letras em dezembro de 1949.

Após concluir o curso de letras, Bárbara V. de Carvalho mudou-se para o Rio de Janeiro (DF), em 1952, para participar de um curso de especialização sobre literatura portuguesa e brasileira junto à Faculdade de Filosofia da Universidade do Brasil, curso que não concluiu. Na realidade, inicialmente, foi convidada para fazer curso sobre literatura portuguesa e brasileira fora do Brasil, porém, como à época tinha suas filhas ainda crianças, optou por dar continuidade aos seus estudos no Rio de Janeiro, onde permaneceu apenas por alguns meses (Carvalho, 2010).

Morando na cidade do Rio de Janeiro, Bárbara V. de Carvalho conheceu a cidade de São Paulo (SP), onde decidiu prestar concurso para o cargo de professora secundária de Português, tendo sido aprovada, em 1953, dando continuidade à sua atuação no magistério público.

A primeira escola em que Bárbara V. de Carvalho atuou no estado de São Paulo foi o Colégio Franklin Roosevelt, situado na capital do estado, onde permaneceu por seis meses, tendo seu cargo removido para diferentes escolas em diferentes cidades do interior do estado.[5]

No período em que atuava em uma escola do interior do estado – no Ginásio Estadual de Valparaiso –, Bárbara V. de Carvalho, em 1957, foi convidada para instalar e dirigir o Ginásio Estadual de Vila Formosa, na capital paulista, tendo permanecido nesse cargo até o final do ano 1957, quando teve seu cargo de professora removido para o Ginásio Estadual e Escola Normal Jácomo Stávale, também na capital de São Paulo.

Ainda durante o ano 1957, enquanto atuava como diretora do Ginásio de Vila Formosa, ela "coordenou a equipe responsável pela reformulação dos programas de Português do Curso Pedagógico, quando apresentou projeto e introduziu o ensino da literatura infantil nos programas do referido Curso [...]" (Santos, 2001, p.45). Essa atividade lhe proporcionou visibilidade e destaque no campo educacional paulista, especialmente no que se refere ao ensino da literatura infantil.

Desde que firmou sede no Colégio Estadual e Escola Normal Jácomo Stávale e, especialmente, após ter participado da equipe que

---

5   No interior do estado de São Paulo, Carvalho atuou no Grupo Estadual Pedro Brandão dos Reis, na cidade de José Bonifácio; e Ginásio Estadual de Valparaiso, na cidade de Valparaiso. Além dessas escolas, ela também teve seu cargo de professora removido para o Colégio Estadual e Escola Normal Dr. Manoel José Chaves, em São Manoel, e Ginásio Estadual de Viradouro, em Viradouro, porém não assumiu o cargo nessas escolas em decorrência de ter sido convidada para instalar e dirigir o Ginásio Estadual de Vila Formosa, na capital do estado.

reformulou o programa de língua portuguesa, Bárbara V. de Carvalho passou a desempenhar importantes funções no âmbito da educação brasileira, sobretudo a paulista.

No ano 1959, foi designada para integrar a banca de concurso de ingresso no magistério secundário e normal do estado de São Paulo e, no ano 1960, foi convidada para ministrar curso sobre literatura infantil na Biblioteca Infantil Monteiro Lobato,[6] de Salvador.

Concomitante à sua atuação como professora no Colégio Estadual e Escola Normal Jácomo Stávale, ela também iniciou, em 1964, sua atuação como professora de literatura brasileira junto à Faculdade de Filosofia Nossa Senhora do Patrocínio, em Itu (SP), tendo permanecido como professora nessa faculdade até 1972.

Por sua atuação na área da literatura, sobretudo a literatura infantil, ainda em 1964, Bárbara V. de Carvalho foi designada para participar da comissão do Concurso literário "Luís de Camões", promovido pelo Departamento de Educação[7] da Secretaria de Estado dos Negócios da Educação do estado de São Paulo (Sene);[8] em 1969, foi designada para integrar o grupo assessor de Teatro Infantil, junto à Comissão Estadual de Teatro, do Conselho Estadual de Cultura do estado de São Paulo; e, ainda em 1969, ministrou curso de extensão intitulado "Panorama Geral da Literatura infantil", no Colégio Estadual e Escola Normal Prof. Paula Santos, de Salto (SP), e foi convocada para prestar serviços junto ao Setor Pedagógico do Departamento de Educação da Sene, para auxiliar na elaboração e avaliação dos exames unificados de madureza referentes à disciplina Língua Portuguesa do 1º e 2º ciclos.

---

6 Fundada em 18 de abril de 1950, a Biblioteca Infantil "Monteiro Lobato", de Salvador, foi organizada por Denise Tavares com o objetivo de "servir a criança".

7 De acordo com Perez (2000), o Departamento de Educação da Secretaria de Estado dos Negócios da Educação de São Paulo era o órgão responsável pela administração, organização e fiscalização dos ensinos pré-primário, primário, rural, intermediário, secundário e normal.

8 Ao longo do século XX, a atual Secretaria Estadual de Educação do estado de São Paulo teve diferentes denominações, dentre elas, Secretaria de Estado dos Negócios da Educação. A fim de evitar repetições desnecessárias, sempre que eu mencionar o nome Secretaria de Estado dos Negócios da Educação utilizarei a forma abreviada Sene.

No início da década de 1970, Bárbara V. de Carvalho passou a prestar serviços junto ao Departamento de Ensino Básico da Coordenadoria de Ensino Básico e Normal da Sene e a realizar palestras sobre literatura infantil nas Delegacias de Ensino do estado de São Paulo. Em 30 de outubro de 1971, afastou-se de suas atividades como professora do Colégio Estadual e Escola Normal Jácomo Stávale para assumir cargo de assessora junto ao gabinete da secretária de Educação do estado de São Paulo, Esther de Figueiredo Ferraz.[9]

Em nota publicada no jornal *Última Hora*, de 4 de janeiro de 1972, consta a seguinte informação:

> Bárbara Vasconcelos de Carvalho, professora de Português e Literatura, agora com sua inteligência a serviço da secretária da Educação, Esther Figueiredo Ferraz, no seu gabinete. Bárbara tem vários livros publicados, entre eles, *Literatura e Gramática da Criança*, e começa o ano 72 lançando seu livro de versos Apenas. (BÁRBARA..., 1972, s.p., grifos do autor)

Durante o período que atuou como assessora de Esther de Figueiredo Ferraz, Bárbara V. de Carvalho ministrou algumas palestras e conferências sobre literatura infantil e foi convidada para ministrar cursos de extensão universitária junto à Faculdade de Filosofia, Ciências e Letras de São Caetano do Sul (SP).

Bárbara V. de Carvalho permaneceu como assessora da secretária de Educação do estado de São Paulo, Esther de Figueiredo Ferraz, até 15 de dezembro de 1973, data em que se aposentou. Também no ano 1973, Esther de Figueiredo Ferraz deixou a Secretaria de Educação, sendo substituída por Henrique Gamba.

Mesmo aposentada, Bárbara V. de Carvalho não interrompeu suas atividades ligadas à educação, sobretudo à literatura infantil. No ano

---

9 Nascida em 6 de fevereiro de 1915, Esther Ferraz diplomou-se professora pela Escola Normal Caetano de Campos, em 1933. Atuou como professora de Filosofia social, lógica e sociologia na Escola Normal Caetano de Campos e ocupou cargo de professora livre-docente na Faculdade de Direito da Universidade de São Paulo (Mello, 1954). Esther Ferraz foi secretária de Educação do estado de São Paulo e a primeira ministra mulher do Brasil, tendo falecido no ano 2008.

seguinte de sua aposentadoria, em 1974, ministrou aulas no curso "Atualização do Ensino em Língua Portuguesa", promovido pela Secretaria de Educação e Cultura do estado da Bahia, e frequentou o curso "Semiologia", promovido pelo Departamento de Cultura da Secretaria de Cultura, Desportos e Turismo do estado da Guanabara.

Em 1975, foi convidada para ministrar aulas sobre literatura infantil para os alunos do 6º semestre do curso de biblioteconomia e documentação, da Escola de Comunicações e Artes (ECA) da Universidade de São Paulo (USP), e ainda nesse mesmo ano decidiu voltar a residir em Salvador, a partir de quando intensificaram-se os convites para que ela ministrasse palestras e cursos sobre literatura infantil.

Depois de voltar a residir em Salvador, ainda no ano 1975, o primeiro curso que ela ministrou foi na cidade de Porto Alegre (RS), onde foi convidada para ministrar curso sobre literatura infantil com duração de 40 horas junto ao Departamento de Assuntos Culturais da Secretaria de Educação e Cultura do Rio Grande do Sul.

No ano 1976, foi convidada para ministrar conferência, em Salvador, no Seminário de Literatura Infantojuvenil, realizado durante a Semana do Estudante do Instituto Central Isaias Alves, antigo Instituto Normal de Salvador, e, em 1978, retornou ao estado do Rio Grande do Sul, a convite da Secretaria de Educação e Cultura, para ministrar novo curso sobre literatura infantil para professores das Delegacias de Educação de Porto Alegre, Pelotas e Caxias do Sul.

Após ministrar curso no Rio Grade do Sul, Bárbara V. de Carvalho foi convidada para ministrar palestra sobre literatura infantil na Universidade de La Republica, em Montevidéu, e, no ano seguinte, em 1979, ministrou a Conferência de Abertura do III Seminário de Literatura Infantojuvenil, em Vitória (ES).

Ao longo de sua atuação profissional, essa professora baiana participou como palestrante e conferencista de significativa quantidade de congressos e seminários brasileiros sobre literatura infantil e, em decorrência de seu envolvimento com esse tema não só como estudiosa, mas também como escritora, na década de 1970, fez parte do grupo que fundou o Centro de Estudos de Literatura Infantil e Juvenil (Celiju), tendo sido a primeira presidenta desse Centro, entre 1972 e 1974.

Além do Celiju, Bárbara V. de Carvalho integrou duas outras importantes instituições relacionadas, respectivamente, à literatura infantil e à educação.

Em 1978 foi eleita membro da Academia Brasileira de Literatura Infantil e Juvenil,[10] tendo sido empossada em 1979, para ocupar a 29ª cadeira, cujo patrono era Denise Fernandes Tavares. E, em 1985, por indicação de um ex-aluno seu, Bárbara V. de Carvalho foi eleita membro titular da Academia Baiana de Educação,[11] passando a ocupar a 12ª cadeira, cujo patrono era Adroaldo Ribeiro Costa. Em relação à Academia Baiana de Educação, no ano 2001, por indicação da professora Leda Jesuíno dos Santos, presidenta de honra dessa Academia, ela recebeu o título de "Professor Emérito".

Bárbara V. de Carvalho, depois de mais de sessenta anos de atuação no âmbito da educação brasileira e no estudo, ensino e divulgação da literatura infantil, faleceu, no dia 26 de julho de 2008, de insuficiência respiratória e doença de Parkinson, em Salvador. Na ocasião, a presidenta de honra da Academia Baiana de Educação, Leda Jesuíno dos Santos (2008, p.92), proferiu discurso à beira do túmulo, ressaltando que:

> [...] neste domingo de inverno, [Bárbara] parte para outras dimensões ainda por nós desconhecidas, mas sempre e cada vez mais, consciente de que desempenhou o seu papel de mãe, esposa, mestra e amiga, com o maior empenho de *ser* e *existir* com autenticidade e grande capacidade de enfrentar corajosamente as dificuldades. Assim era Bárbara Carvalho, a dama da Literatura Infantil no Brasil. (grifos da autora)

---

10 A Academia Brasileira de Literatura Infantil e Juvenil foi fundada, em São Paulo, em 21 de março de 1978, e resultou "[...] de uma consulta a mais de quatrocentos homens de letras de todo o Brasil, após reunião, em São Paulo, de um grupo de escritores preocupados 'principalmente com a criação dirigida à criança e ao jovem, constantemente solicitados por outros interesses'" (Tahan, [s.d.]). De acordo com informações que localizei, em 2 de fevereiro de 1979, foram diplomados 40 escritores eleitos para integrarem a Academia Brasileira de Literatura Infantil e Juvenil.

11 Fundada em 9 de setembro de 1982, em Salvador, a Academia Baiana de Educação "[...] tem por finalidade o estudo e a pesquisa, definição e interpretação dos fatos, fenômenos e problemas da educação e do ensino na sua acepção geral, competindo-lhe, como órgão de cooperação cultura" (Academia..., [s.d.]).

A produção *de* Bárbara V. de Carvalho

Concomitantemente à sua atuação em cargos e funções no magistério e na divulgação da literatura infantil por meio de cursos e palestras, Bárbara V. de Carvalho contribuiu para a educação brasileira e para a literatura infantil com sua produção escrita, que é representativa das ações pioneiras que desempenhou como divulgadora e estudiosa do gênero. Ao longo de sua vida, escreveu artigos críticos sobre literatura brasileira e literatura infantil em periódicos e jornais de notícias, livros didáticos, contos, poesias, dicionários, livros *de* literatura infantil, livros *sobre* literatura infantil, e *Compêndio de literatura infantil*, o primeiro manual específico para o ensino da literatura infantil no Brasil.

Ao todo, pude reunir 74 referências da primeira edição de textos escritos por Bárbara V. de Carvalho, e além desses, reuni outras 22 referências de diferentes edições de mesmos títulos, dentre as que localizei.[12] A opção por localizar, recuperar e reunir as referências de diferentes edições de um mesmo título deve-se ao fato de que por meio delas é possível compreender as mudanças ocorridas, ou não, no processo de reedição desses títulos, como também de compreender quais livros tiveram maior circulação.

Para proporcionar visão de conjunto e uma síntese dessas publicações, apresento, no Quadro 6, a bibliografia *de* Bárbara V. de Carvalho, ordenada por tipo de texto e distribuída por ano de publicação, entre 1955 e 2004, considerando apenas a primeira edição de cada título.

---

12 Essas referências estão reunidas no instrumento de pesquisa *Bibliografia de e sobre Bárbara Vasconcelos de Carvalho: um instrumento de pesquisa* (Oliveira, 2010). Esse instrumento de pesquisa é documento que se apresenta sob a forma de guia, inventário, catálogo ou indíce, que "resume ou transcreve, em diferentes graus e amplitudes, fundos, grupos, séries e peças documentais existentes num [ou mais] arquivo permanente [...]" (*Dicionário de terminologia arquivística*, 1996, p.45).

Quadro 6 – Bibliografia *de* Bárbara V. de Carvalho, por tipo de texto e ano de publicação, entre 1955 e 2004

Ano de publicação \ Tipo de Texto	Manual de ensino	Livros didáticos	Livros sobre lit. inf.	Livros de lit. Inf.	Livros de poesias	Livros adaptados	Artigos em revistas	Artigos em jornais	Entrev. em jornais	Poesias e conto em revistas/ coletânea	Obras de referência	Edições estrangeiras	Livros inéditos	Total por ano
1955	–	–	–	–	1	–	–	–	–	–	–	–	–	1
1956	–	–	–	–	–	–	2	3	–	–	–	–	–	5
1957	–	–	–	–	–	–	–	1	–	–	–	–	–	1
1959	1	–	–	–	–	–	–	–	–	–	–	–	–	1
1960	–	–	–	1	–	–	1	–	–	–	–	–	–	2
1961	–	–	–	1	–	–	1	–	–	–	–	–	–	2
1962	–	–	–	–	–	–	1	–	–	–	–	–	–	1
1963	–	–	–	–	–	–	1	–	–	–	–	–	–	1
1966	–	–	–	–	–	–	–	2	–	–	–	–	–	2
1968	–	1	–	–	–	–	–	–	–	–	–	–	–	1
1969	–	1	–	–	–	–	–	–	–	–	–	–	–	1
1970	–	–	–	–	–	–	2	1	–	–	–	–	–	3
1971	–	1	–	–	–	3	–	–	–	–	–	1	–	5
1972	–	6	–	1	1	–	–	–	–	–	–	–	–	8
1973	–	–	1	2	–	–	–	–	1	–	–	–	–	4
1974	–	1	–	–	–	–	1	–	–	–	–	–	–	2
1975	–	–	–	–	–	–	–	–	2	–	1	–	–	2

continua

Fonte: Oliveira, 2010.

Tipo de Texto / Ano de publicação	Manual de ensino	Livros didáticos	Livros sobre lit. inf.	Livros de lit. Inf.	Livros de poesias	Livros adaptados	Artigos em revistas	Artigos em jornais	Entrev. em jornais	Poesia e conto em revistas/coletânea	Obras de referência	Edições estrangeiras	Livros inéditos	Total por ano
1976	1	–	–	–	–	–	–	–	1	–	–	–	–	1
1977	–	–	–	1	–	–	–	2	–	–	–	–	–	3
1978	–	–	–	–	–	–	–	1	1	–	–	–	–	2
1979	–	–	–	–	–	–	1	–	–	–	–	2	–	1
1980	–	–	–	6	–	–	–	–	–	–	–	–	–	8
1982	–	–	1	–	–	–	–	–	–	–	–	–	–	1
1983	–	–	–	–	–	–	1	–	–	–	–	2	–	3
1985	–	–	–	1	–	–	–	–	–	–	–	–	–	1
1986	–	–	–	–	–	–	–	–	–	–	–	–	–	1
1987	–	–	–	–	–	–	1	–	–	1	–	–	–	1
2001	–	–	–	–	–	–	–	–	–	2	–	–	–	3
2002	–	–	–	–	–	–	–	–	–	1	–	–	–	1
2003	–	–	–	1	–	–	–	–	–	–	–	–	–	1
2004	–	–	–	–	–	–	–	–	1	1	–	–	–	1
s.d.	–	–	–	–	–	–	–	–	–	–	–	–	3	4
Total tipo texto	1	10	2	14	2	3	12	10	6	5	2	4	3	
Total geral														74

De acordo com as informações apresentadas no Quadro 6, Bárbara V. de Carvalho teve as primeiras edições de seus textos publicados ao longo de 49 anos, entre 1955 e 2004. Embora tenha localizado informações de que durante a década de 1940 ela tenha escrito crônicas para a Rádio Sociedade de Salvador, não localizei nenhuma dessas crônicas. Sendo assim, é possível afirmar que ela tenha iniciado a sua produção escrita, pelo menos de modo sistematizado a partir da década de 1950, quando passou a atuar como professora no estado de São Paulo.

Sendo assim, o primeiro texto que Bárbara V. de Carvalho teve publicado foi o livro de poesia para adultos intitulado *Nuvens*, publicado pela editora Alarico (SP), em 1955. Após a publicação desse livro, no ano de 1956 ela teve publicados alguns artigos em jornais e revistas, nos quais apresenta ensaios críticos sobre romances da literatura brasileira e, no ano de 1957, na ocasião em que participava da equipe responsável pela reformulação dos programas da disciplina "Português", teve publicado no jornal *A Gazeta*, em São Paulo, o artigo "A literatura infantil na escola normal", primeiro texto em que ela aborda aspectos relativos à literatura infantil.

Após a publicação desse artigo, Bárbara V. de Carvalho passou a ser recorrentemente convidada para explicar como é que se desenvolvia o ensino da literatura infantil (Carvalho, 2010), motivo que a levou a aprofundar seus estudos sobre o assunto e escrever um manual de ensino de literatura infantil, atividade da qual decorreu a publicação de *Compêndio de literatura infantil*: para o 3º ano normal, publicado em 1959, pela Companhia Editora Nacional.

No início da década de 1960, após a publicação desse compêndio, Bárbara V. de Carvalho teve publicado os seus primeiro livro *de* literatura infantil, *Cancioneiro da criança* e *Folclore e a criança*.

Depois de 14 anos da publicação de *Folclore e a criança*, Bárbara V. de Carvalho, em 1985, teve publicado outro livro de contos sobre o folclore brasileiro, *Folclore, criança, fantasia*,[13] esse pela Companhia

---

13 Os contos que integram esse livro são: "O jabuti e o homem", "Os tatus-brancos", "O barba-ruiva", "A fogueira de São João", "Chapeuzinho das matas", "O pe-

Editora Nacional. De acordo com análise que fiz dos exemplares que tive acesso desses dois livros, o livro publicado em 1985 – *Folclore, criança, fantasia* –, contém 16 contos sobre o folclore brasileiro e desses, nove têm título igual aos dos contos que integram o livro publicado em 1961, *Folclore e a criança*. Em relação ao conteúdo dos contos de *Folclore, criança, fantasia* (Carvalho, 1985) que tem título igual aos dos contos de *Folclore e a criança* (Carvalho, 1961a), pude observar que há apenas pequenas alterações, como acréscimo de alguns parágrafos e modificações de alguns termos e expressões, mas nada que mude substancialmente o sentido desses contos.

Além do compêndio, dos artigos e livros *de* literatura infantil, Bárbara V. de Carvalho também teve publicados livros didáticos destinados aos alunos em fase inicial de escolarização e obras de referência.

Em 1969, teve publicados os livros didáticos *A gramática da criança*: é uma graça veja! e *Literatura e gramática da criança:* é uma graça, veja! (2° nível), ambos pela Sociedade Brasileira de Material Escolar em parceria com a Editora Lótus.

Também no ano 1969, teve publicado a sua primeira obra de referência, *Dicionário de conjugação de verbos*, igualmente pela Sociedade Brasileira de Material Escolar em parceria com a Editora Lótus.

Voltando-se novamente para a publicação de livros *de* literatura infantil, em 1971, teve publicados três livros que adaptou de contos estrangeiros, a saber: *O gato de botas*, do original de Charles Perrault; *O barão de Munchausen*, do original de Erich Kastner; e *O melro*, adaptado a partir de um conto popular italiano e cujo autor não pude identificar. Esses livros foram publicados pela Editora Símbolo e integram a coleção "Textos animados". Ainda nesse mesmo ano, ela teve publicado *Pequeno dicionário de regência verbal*, a sua segunda obra de referência.

No ano seguinte, em 1972, Bárbara V. de Carvalho, em coautoria com Consuelo da Silva Dantas, teve publicados os livros didáticos da

---

queno gênio da floresta", "A festa das lanterninhas", "O veadinho encantado", "O pastorzinho", "Cobra-Norato, a serpente encantada", "A Iara", "A vitória-régia", "O cantor mágico", "O carro de bois", "Pesca do xaréu", e "O café".

coleção "É uma graça, veja" destinados aos alunos em fase inicial de escolarização. Esses livros eram distribuídos como *kit* que continha: o livro *É uma graça, veja*: sugestões para o professor; o livro *É uma graça, veja*: pré-livro; fichas com figuras; e quadros também com figuras. Essa coleção foi publicada pela Editora Lótus. De acordo com informações que localizei, esses são os únicos livros que Bárbara V. de Carvalho escreveu em coautoria.

Presumo que, além dos livros *É uma graça, veja*: sugestões para o professor (Carvalho; Dantas, 1972a) e *É uma graça, veja*: pré-livro (Carvalho; Dantas, 1972b), integra, também, essa coleção o livro *É uma graça, veja*: primeiro livro, porém, o único exemplar que tive acesso contém data de publicação diferente dos demais livros – 1974 – e sem indicação de número de edição. Presumo, ainda, que esses livros complementam a série didática dos dois livros publicados em 1969 – *A gramática da criança*: é uma graça veja! e *Literatura e gramática da criança*: é uma graça, veja! (2° nível) –, porém não localizei nenhuma informação que confirme essa hipótese.

Ainda no ano de 1972, Bárbara V. de Carvalho teve publicada outra coleção de livros didáticos para crianças em fase inicial de escolarização, trata-se de: *Antologia, comunicação e expressão*: 1ª série 1° grau; *Antologia, comunicação e expressão*: 2ª série 1° grau; *Antologia, comunicação e expressão*: 3ª série 1° grau; e *Antologia, comunicação e expressão*: 4ª série 1° grau, todos publicados pelas Edições Tabajaras. Além desses livros didáticos publicados em 1972, ela teve publicados, nesse ano: um livro de poesia para adultos intitulado *Apenas...,* pela Editora Lótus; e um livro publicado em forma de quadros animados intitulado *O saci e sua turma*, também pela Editora Lótus.

Apesar de a produção bibliográfica de Bárbara V. de Carvalho ser voltada, majoritariamente, para o público infantil, *Apenas...* (1972e) é um livro de poesias destinado ao público adulto, no qual a autora explica que ele decorreu "de uma necessidade interior, manifestada na linguagem que escolhi, com a liberdade que temos de 'dizer', da maneira que nos apraz [...] estruturado em versos, sua mensagem é a verdade captada, sentida ou vivida" (Carvalho, 1972e, s.p.).

O livro *O saci e sua turma* não foi publicado no formato convencional de livro, pois ele é composto por 16 quadros que contém, cada um, na parte da frente, uma ilustração e, no verso, um conto sobre o folclore brasileiro. Para visualizar a ilustração, esse livro é acompanhado de óculos para imagens em terceira dimensão (3D) e, na medida em que o leitor utiliza os óculos, a ilustração contida na frente de cada quadro se modifica.

Depois da publicação de livros didáticos, livros *de* literatura infantil e também obras de referências, Bárbara V. de Carvalho teve publicado, em 1973, o seu primeiro livro *sobre* história e teoria da literatura infantil, a saber: *Literatura infantil*: estudos, publicado pela Editora Lótus. Ainda nesse ano, ela teve publicados dois novos livros *de* literatura infantil: *A casinha nuvem;* e *O robozinho feio,* ambos pela Editora Lótus.

De acordo com as informações apresentadas no Quadro 6, Bárbara V. de Carvalho teve uma significativa publicação de textos entre os anos 1971 e 1973. Esse período coincide com os anos em que ela atuou como assessora da secretária de Educação do estado de São Paulo e é possível que o fato de ela ter ocupado esse importante cargo junto tenha influenciado ou facilitado a publicação de seus livros.

Após ter tido publicada significativa quantidade de textos durante os anos de 1970, na década seguinte, entre 1980 e 1989, Bárbara V. de Carvalho teve pequena diminuição em sua produção escrita; no entanto, dentre os textos que ela teve publicado nesse período, destacam-se os livros *de* literatura infantil, que consistem em 50% de sua produção total, relativamente a esse tipo de texto.

Ao todo, essa professora teve publicados 14 livros *de* literatura infantil, e desses, sete foram publicados durante a década de 1980. Esse número se deve ao fato de que, em 1980, ela teve publicados cinco livros que integram a série "Calunga", da Companhia Melhoramentos. São eles: *A casinha da chaminé azul; Os dois gatos; Uma avenida na floresta; O papagaio Tubiba;* e *A galinha contente,* todos de autoria de Bárbara V. de Carvalho. De acordo com nota na quarta capa de um exemplar da oitava edição de *A galinha contente* (1990e),

Os livros desta série foram especialmente elaborados para crianças classificadas como pré-leitoras, isto é, que estão começando a desenvolver uma linguagem oral, onde a percepção e o estabelecimento de relações entre imagem e palavras são fundamentais. Nessa fase, a manipulação dos livros é essencial, pois as crianças se deliciam observando as ilustrações, enquanto os pais ou a professora estão lendo a história. (Carvalho, 1990e, quarta capa)

Os livros da série "Calunga" foram todos editados, cada um, com 16 páginas e com ilustrações bastante coloridas e que ocupam toda a página. Além dos livros da série "Calunga", em 1980, Bárbara V. de Carvalho teve publicado *O mãozinha*, livro de narrativa juvenil no qual aborda a temática das crianças que "perambulam pelo Paiçandu, Praça da República, Praça da Sé" (Carvalho, 1980e, p.9), e teve publicadas edições estrangeiras de livros *de* literatura infantil.

De acordo com as informações apresentadas no Quadro 6, localizei duas referências desses livros e elas dizem respeito aos livros *Uma avenida na floresta* e *O papagaio Tubiba* que foram adaptados para publicação em Portugal. Apesar de esses livros integrarem, no caso brasileiro, uma série composta por cinco livros, no caso da edição portuguesa apenas localizei referência desses dois títulos.

De acordo com exemplares que tive acesso, no caso dos livros editados para publicação em Portugal, não houve alteração nem no conteúdo do livro nem nas ilustrações, apenas houve alteração em relação ao formato do livro, pois a edição portuguesa foi publicada em capa dura, diferentemente da edição brasileira. Outro aspecto que pude observar é que os livros da edição portuguesa também integram uma série intitulada "Calunga"; porém, no caso da série organizada para Portugal, há uma alteração dos títulos que a compõem. Os livros que integram a série "Calunga" para publicação em Portugal são: *O passarinho Rafael*, de Regina Drumond de Lima; *O sapo Batista*, de Vanessa Kalil; e *A casinha da chaminé azul, Os dois gatos, O papagaio Tubiba* e *Uma avenida na floresta*, de Bárbara V. de Carvalho.

Além da publicação da edição portuguesa desses dois livros *de* literatura infantil, localizei outras duas referências de edições estrangeiras de livros *de* literatura infantil de autoria de Bárbara V. de Carvalho (Quadro 6). São eles: *Het bospad*, edição holandesa de *Uma avenida na floresta*, publicado, em 1983, pela Companhia Melhoramentos; e *De papegaai Tubiba*, edição holandesa de *O papagaio Tubiba*, também publicado, em 1983, pela Companhia Melhoramentos.

Ainda em relação às publicações de Bárbara V. de Carvalho durante a década de 1980, destaco o livro *Literatura infantil*: visão histórica e crítica, em 1982, que teve sua publicação iniciada na segunda edição, reformulada a partir o livro *Literatura infantil*: estudos (Carvalho, 1973a).

Após a publicação desses textos, durante a década de 1990 a autora não teve nenhum texto publicado. Esse período coincide com aquele em que ela passou a ter complicações de saúde, que culminaram no desenvolvimento da doença que ocasionou o seu falecimento em 2008. Apesar disso, durante a década de 2000, há referências de textos que haviam sido escritos antes do agravamento de sua doença, mas que só foram publicados posteriormente, como é o caso do livro de poesias infantis *Bem-me-quer*, publicado em 2003, e que consistiu em presente dado a Bárbara V. de Carvalho pelas amigas Consuelo da Silva Dantas, Eleusina Uzel, Leda Jesuíno dos Santos e Idati Onagra.

Apesar dessa diminuição da produção escrita de Bárbara V. de Carvalho, a partir da década de 1990, é possível afirmar que seus textos continuaram a circular, em decorrência das reedições que tiveram. Como informei, reuni 22 referências de diferentes edições de um mesmo título, dentre as que localizei, e, a fim de apresentar síntese dessas informações, apresento, no Quadro 7, a relação dos livros de Bárbara V. de Carvalho que tiveram mais de uma edição, o número das edições que localizei e as respectivas datas da primeira edição e data da edição mais recente que localizei.

68 FERNANDO RODRIGUES DE OLIVEIRA

Quadro 7 – Número das edições localizadas dos livros de Bárbara V. de Carvalho e respectivas datas de primeira edição e edição mais recente

Livros de Bárbara V. de Carvalho	Edições localizadas	Data da 1ª. edição	Data da edição mais recente
Compêndio de literatura infantil	1ª, 2ª, 3ª	1959	[s.d.]
A literatura infantil: visão histórica e crítica	2ª, 3ª, 4ª, 6ª	1982	1989
O papagaio Tubiba	1ª, 2ª, 4ª, 5ª, 8ª	1980	1988
A galinha contente	1ª, 2ª, 3ª, 4ª, 6ª, 8ª	1980	1990
Uma avenida na floresta	1ª, 2ª, 3ª, 5ª, 7ª	1980	1991
Os dois gatos	1ª, 2ª, 6ª	1980	[s.d.]
Pequeno dicionário de regência verbal	1ª, 2ª	1971	1986
Dicionário de conjugação de verbos	1ª, 3ª	1969	1975

Fonte: Oliveira, 2010.

Por meio das informações apresentadas no Quadro 7 é possível compreender que os livros *de* literatura infantil de Bárbara V. de Carvalho foram os que tiveram maior número de edições. No caso do livro *O papagaio Tubiba*, pude localizar referência de um exemplar da oitava edição, de 1988, assim como no caso do livro *A galinha contente*, que pude localizar exemplar da oitava edição, sem data de publicação.

Apesar de os livros *de* literatura infantil de Bárbara V. de Carvalho que tiveram mais de uma edição integrarem todos uma mesma coleção – "Calunga" – é possível observar, de acordo com o Quadro 7, que esses livros não tiveram suas reedições publicadas sempre no mesmo ano, pois a oitava edição de *O papagaio Tubiba* é de 1988 e o exemplar da sétima edição de *Uma avenida na floresta* é de 1991.

De acordo com as informações apresentadas no Quadro 6, Bárbara V. de Carvalho não teve publicado nenhum título novo durante a década de 1990, porém, de acordo com as informações apresentadas no Quadro 7, durante a década de 1990, Bárbara V. de Carvalho teve publicada uma reedição de um dos seus livros *de* literatura infantil, *Uma avenida na floresta*.

De todos os livros de Bárbara V. de Carvalho que foram reeditados, apenas dois deles tiveram três edições publicadas por diferentes editoras, são eles: *Compêndio de literatura infantil*, *Pequeno dicionário de regência verbal* e *Literatura infantil*: visão histórica e crítica.

No caso de *Compêndio de literatura infantil*, a primeira edição foi publicada pela Companhia Editora Nacional, a segunda, pela Leia, e a terceira, pelo Instituto Brasileiro de Edições Pedagógicas (Ibep), todas editoras localizadas em São Paulo. No caso de *Pequeno dicionário de regência verbal*, a primeira edição foi publicada pela Sociedade Brasileira de Material Escolar em parceira com a Editora Lótus, e a segunda, pela Editora Global, todas localizadas em São Paulo. E, no caso de *Literatura infantil*: visão histórica e crítica, a segunda foi publicada pela Edart, e as demais edições, pela Global.

A produção *sobre* Bárbara V. de Carvalho

Na medida em que a produção escrita *de* Bárbara V. de Carvalho passou a circular e ser utilizada por professores, professorandos, autores de textos *sobre* literatura infantil e até pelas crianças, no caso dos livros didáticos e *de* literatura infantil, essa autora, aspectos de sua vida, formação e atuação profissional passaram a ser mencionados em textos de outros autores, além de seus textos também terem se tornado objeto de citação.

Considerando isso, além dos textos *de* Bárbara V. de Carvalho, que reuni no instrumento de pesquisa mencionado, também reuni 106 referências de textos *sobre* ela, dentre os quais vinte são referências de textos que tratam especificamente de aspectos de sua vida, formação, atuação profissional e produção escrita, e os demais 86, são de textos que contêm menção a ela, sua formação, atuação profissional e produção escrita e/ou citam textos seus.

Para propiciar visão de conjunto e síntese das publicações *sobre* Bárbara V. de Carvalho, apresento, no Quadro 8, os tipos de textos escritos *sobre* essa autora, distribuídos por década de publicação, entre 1959 e 2010.

Quadro 8 – Bibliografia *sobre* Bárbara V. de Carvalho, por tipo de texto e ano de publicação, entre 1959 e 2010

Ano de publicação	Textos acad.	Artigos e notas em jornais e revista	Prefácio e/ou apresentação em livros	Verbetes em dicion.	Entrevista sobre Bárbara V. de Carvalho	Homenagem. óstuma	Textos com menções a Carvalho, sua atuação profissional ou produção escrita e/ou citações de textos seus							Total por ano
							Em manuais de ensino	Em livros	Em capítulos de livros	Em bibliografia sobre lit. inf.	Em artigos em periódicos	Em textos acadêmico	Em artigos e notas em jornais	
1959	–	–	–	–	–	–	–	–	–	–	–	–	1	1
1960	–	–	–	–	–	–	–	–	–	–	–	–	1	1
1961	–	1	–	–	–	–	1	–	–	–	–	–	2	4
1966	–	–	–	–	–	–	–	–	–	–	1	–	–	1
1967	–	–	–	–	–	–	1	–	–	–	–	–	–	1
1968	–	–	–	–	–	–	–	1	–	–	–	–	–	1
1969	–	–	–	–	–	–	–	1	–	–	–	–	–	1
1970	–	1	–	–	–	–	1	–	–	–	–	–	1	3
1972	–	1	–	–	–	–	–	–	–	–	–	–	1	2
1973	–	–	–	–	–	–	1	–	–	–	–	–	–	1
1975	–	1	–	–	–	–	–	–	–	–	–	–	1	2
1976	–	–	–	–	–	–	–	–	–	1	–	–	–	1
1977	–	–	–	–	–	–	–	–	–	–	–	–	1	1
1978	–	–	–	–	–	–	–	1	–	–	–	–	3	4

continua

Ano de publicação	Textos acad.	Artigos e notas em jornais e revista	Prefácio e/ou apresentação em livros	Verbetes em dicion.	Entrevista sobre Bárbara V. de Carvalho	Homenagem. óstuma	Textos com menções a Carvalho, sua atuação profissional ou produção escrita e/ou citações de textos seus							Total por ano
							Em manuais de ensino	Em livros	Em capítulos de livros	Em bibliografia sobre lit. inf.	Em artigos em periódicos	Em textos acadêmico	Em artigos e notas em jornais	
1979	–	–	–	–	–	–	–	–	–	1	–	–	2	3
1980	–	1	1	–	–	–	–	–	–	–	–	–	3	5
1982	–	–	1	–	–	–	1	1	–	–	–	–	–	3
1983	–	1	–	1	–	–	–	–	–	–	–	–	–	2
1984	–	–	–	–	–	–	1	2	–	1	–	–	–	4
1985	–	–	–	–	–	–	1	1	–	–	–	–	–	2
1986	–	–	–	–	–	–	–	–	–	–	1	–	1	2
1987	–	–	–	–	–	–	–	–	–	–	1	–	–	1
1988	1	–	–	–	–	–	–	–	–	–	–	–	–	1
1990	–	1	–	–	–	–	–	1	–	–	–	–	–	1
1999	–	–	–	–	–	–	–	2	–	–	–	2	–	5
2001	–	1	–	–	–	–	–	–	–	–	–	1	–	1
2002	–	–	–	–	–	–	–	–	–	–	–	1	–	2
2003	–	–	1	–	–	–	–	–	–	–	–	1	–	3
2004	–	–	–	–	–	–	–	–	1	–	1	1	–	3

continua

Tipo Texto / Ano de publicação	Textos acad.	Artigos e notas em jornais e revista	Prefácio e/ou apresentação em livros	Verbetes em dicion.	Entrevista sobre Bárbara V. de Carvalho	Homenagem. óstuma	Textos com menções a Carvalho, sua atuação profissional ou produção escrita e/ou citações de textos seus							Total por ano
							Em manuais de ensino	Em livros	Em capítulos de livros	Em bibliografia sobre lit. inf.	Em artigos em periódicos	Em textos acadêmico	Em artigos e notas em jornais	
2005	–	–	–	–	–	–	–	–	1	–	2	–	–	3
2006	–	–	–	–	–	–	–	–	–	–	–	4	–	4
2007	–	–	–	–	–	–	–	1	–	–	–	4	–	5
2008	–	–	–	–	–	1	–	1	1	–	2	6	–	11
2009	2	–	–	–	–	–	–	–	–	–	3	6	–	11
2010	3				2									5
s.d.	–	–	–	–	–	–	1	1	–	–	–	1	4	7
Total texto	6	8	3	1	2	1	8	13	3	3	11	26	21	
Total geral														106

Fonte: Oliveira, 2010.

Os textos *sobre* Bárbara V. de Carvalho e os textos com menções à sua atuação profissional ou produção escrita e/ou que contêm citações de textos seus foram publicados entre 1959 e 2010, entretanto, nesse período, há intervalos consideráveis sem publicação de textos sobre essa autora ou que a mencionam e/ou citam textos seus. Esses intervalos são os seguintes: 1962 e 1965; 1971; 1974; 1981; 1989; e 1991e 1998. A partir do ano 1999, é possível observar publicações regulares de textos com menções a Bárbara V. de Carvalho, sua atuação profissional e produção escrita e/ou citações de textos seus, e nos anos 2008 e 2009, pode-se observar o maior número de referências desses textos, ao todo, em 2008, 11 referências e, em 2009, outras nove referências desses.

Em relação aos textos *sobre* Bárbara V. de Carvalho, ou seja, os textos que tratam especificamente dessa autora ou de sua produção escrita, pode-se observar, por meio das informações apresentadas no Quadro 8, que, em 1980, foram publicados os dois primeiros textos que tratam especificamente dessa autora ou de sua produção escrita. São eles: um artigo publicado no jornal *A Tarde*, presumivelmente de Salvador, de autoria de Consuelo da Silva Dantas, intitulado "A descrição de um apelo"; e um prefácio escrito por Adroaldo Ribeiro Costa,[14] publicado no livro *O mãozinha*, de Bárbara V. de Carvalho (1980e).

Das 21 referências de textos que tratam especificamente da vida e atuação profissional de Bárbara V. de Carvalho, é possível afirmar que apenas 11 tratam,[15] do ponto de vista acadêmico-científico, de aspectos *sobre* essa professora, em especial, a sua produção escrita, pois os demais textos foram escritos com finalidades de: apresentar ou prefaciar livros de sua autoria; de homenageá-la; e divulgar seus livros na ocasião do lançamento.

---

14 Adroaldo Ribeiro Costa nasceu em Salvador (BA), no dia 13 de abril de 1917, diplomou-se bacharel em direito pela Faculdade de Direito da Universidade da Bahia e atuou como professor em instituições de ensino primário. Além disso, Adroaldo Ribeiro Costa atuou como teatrólogo e dirigiu um programa destinado ao público infantil na Rádio Sociedade de Salvador (BA).

15 Desses textos, nove são de minha autoria e neles apresento resultados parciais e finais da pesquisa de mestrado: Oliveira (2010).

74 FERNANDO RODRIGUES DE OLIVEIRA

No conjunto das publicações de textos que tratam especificamente de Bárbara V. de Carvalho, destaco: artigo de Dormevilly Nóbrega, publicado em 1961, no jornal *Diário Mercantil*, de Juiz de Fora (MG), no qual a autora faz comentários elogiosos a respeito da publicação da segunda edição de *Compêndio de literatura infantil*; o artigo "Pioneirismo em educação", publicado em 1970, no jornal *Folha de S.Paulo*, de São Paulo, no qual consta a informação de que "Bárbara de Vasconcelos é uma das intelectuais brasileiras de que se orgulha nosso corpo docente, sobretudo pelo pioneirismo com que tem aberto novos ramos ao ensino em nosso país" (Pioneirismo..., 1970, s.p.); o artigo de Antônio D'Ávila, "Bárbara Vasconcelos de Carvalho: A literatura infantil", publicado no jornal *O Anchieta*, de São Paulo, em 1983, no qual o autor afirma que Bárbara V. de Carvalho "sem dúvida [...] foi pioneira no assunto [do ensino da literatura infantil] e o fez com grande brilho, graças à sua cultura lingüística e seus conhecimentos da matéria." (D'Ávila, 1983, p.3); a publicização, em 1988, da dissertação de mestrado *O discurso especializado em literatura infanto-juvenil no Brasil na década de 50*: da criança mitificada à atitude política, na qual Mello Neto (1988) aborda os textos *sobre* literatura infantil publicados entre 1950 e 1959, dentre os quais *Compêndio de literatura infantil*; e a publicação do verbete sobre essa professora baiana contido no *Dicionário crítico da literatura infantil/juvenil brasileira (1882-1982)*, de Coelho (1983).

Especificamente em relação à dissertação de mestrado de Mello Neto (1988), o autor, ao analisar os textos *sobre* literatura infantil publicados durante a década de 1950, identifica que existem quatro tendências teóricas diferentes, são elas: "metafísica", quando a literatura infantil é tratada por "misteriosos fins"; "metafísico-psicológica", quando a literatura infantil é tratada do ponto de vista psicológico e "essencialista"; "cultural", quando a literatura infantil é tratada do ponto de vista do desenvolvimento da cultura; "sociológica", quando a literatura infantil é tratada a partir de valores sociais; e "didatista", quando a literatura infantil é tratada do ponto de vista didático-pedagógico.

No caso de *Compêndio de literatura infantil*, de Bárbara V. de Carvalho, Mello Neto (1988) considera que se trata de um livro de abordagem "didatista", pois seu ponto "notável" é o de instruir e o de educar a partir de exercícios de fixação. Além disso, Mello Neto (1988) considera que esse compêndio contém características "psicologistas", pois sua autora defende a ideia de "virtude moral" dos livros de literatura infantil.

Apesar de a dissertação de Mello Neto (1988) não tratar exclusivamente do compêndio de Bárbara V. de Carvalho, o considerei como um texto *sobre* essa professora e autora, porque o autor toma *Compêndio de literatura infantil* como objeto de análise.

No caso dos textos que contêm apenas menções a Bárbara V. de Carvalho, sua vida, formação, atuação profissional e produção escrita e/ou citam textos seus, a grande maioria dessas referências – 27 – é relativa a textos acadêmicos (teses, dissertações, TCC e textos em anais de eventos) publicados entre 2001 e 2010 e nos quais há citações retiradas de trechos de livros de autoria de Bárbara V. de Carvalho. Por meio da análise das referências desses textos acadêmicos pude observar que grande parte deles – 23 – foi publicada nas regiões Sudeste e Sul do Brasil, e apenas quatros desses textos foram publicados em outras regiões do Brasil, um na região Nordeste e três na região Centro-Oeste. Presumo que o fato de essa professora ter atuado, especialmente, nos estados de São Paulo e Rio Grande do Sul tenha proporcionado maior circulação de seus textos nas regiões Sul e Sudeste.

Ao analisar a referência desses textos acadêmicos, pude observar que neles a literatura infantil é abordada com finalidades diferentes, pois há textos em que são apresentadas análises de livros *de* literatura infantil do ponto de vista da crítica literária, até textos em que o livro *de* literatura infantil é mencionado como recurso para mediar atendimento odontológico.

No caso das referências de teses e dissertações que mencionam Bárbara V. de Carvalho e/ou citam textos seus, pude observar, possivelmente em decorrência da diversidade de formas de se abordar a literatura infantil, que se trata de trabalhos defendidos no âmbito de programas de pós-graduação de áreas diferentes, como educação, letras, psicologia social, psicologia clínica, comunicação e engenharia de produção.

Seguido dos textos acadêmicos, o tipo de texto que mais localizei contendo menções a Bárbara V. de Carvalho e/ou citações de textos

76 FERNANDO RODRIGUES DE OLIVEIRA

seus foi artigo em jornais e revistas e artigos em periódicos – 23 referências de artigos em jornais e 11 referências de artigos em periódicos. Publicados entre 1959 e 1986, nos artigos em jornais há menções aos cursos ministrados por Bárbara V. de Carvalho, à sua participação em Bienais do Livro e a lançamento de livros de sua autoria. Dentre esses textos, destaco dois: o artigo "Literatura infanto-juvenil", de D'Ávila (1959); e o artigo "Os 40 imortais da literatura infanto-juvenil", de Tahan, sem data de publicação.

No artigo "Literatura infanto-juvenil", publicado no jornal *A Gazeta*, de São Paulo, D'Ávila (1959) inicia seu artigo com a menção da publicação de *Compêndio de literatura infantil*, de Bárbara V. de Carvalho (1959), e considera ser esse um livro "de alto valor informativo [...] [que aborda] vários aspectos dessa literatura [infantil] em linguagem clara e didática, livro que revela certamente grandeza de esforço de pesquisa, dada a pobreza bibliográfica no assunto".

Ainda nesse artigo, D'Ávila (1959) menciona outros autores que, mesmo não tendo escrito manuais de ensino de literatura infantil, merecem destaque no "campo", como, Nazira Salem (1970), autora de *História da literatura infantil* (de 1959). D'Ávila (1959) conclui seu artigo com a informação de que não pode ficar esquecida "uma contribuição das mais caras ao estudo da literatura, resultado do I Curso sobre o assunto, levado a cabo pelo Instituto Cultural Monteiro Lobato: o volume que se publicou pela Editora Santos Oliveira, com excelentes trabalhos nele desenvolvidos [...]", trata-se de: *Curso de literatura infantil*, organizado por Antenor Santos de Oliveira [1958b].

No artigo "Os 40 imortais da literatura infanto-juvenil", Tahan ([s.d.]) menciona a criação da Academia Brasileira de Literatura Infanto-Juvenil e quais são os objetivos com a criação dessa academia. De acordo com informações apresentadas por Tahan ([s.d.]) "A principal preocupação dos membros da casa [...] é a de ouvir não só os escritores, mas também a criança e o jovem sobre a situação da literatura infanto-juvenil em nosso país, de forma a conseguir que a juventude se volte ao livro". Apesar de no corpo desse artigo não ser mencionado o nome de Bárbara V. de Carvalho, há, em destaque, no início do artigo, uma foto sua com a seguinte nota "Bárbara Vasconcelos de Carvalho, representante da Bahia" e, de acordo com Tahan ([s.d.]), havia, entre os 40 membros dessa academia, apenas um representante da Bahia, ou seja, Bárbara V. de Carvalho. Destaco, ainda, que nesse artigo apenas constam foto e nota de outros três autores: Lenyra Fraccaroli, presidenta da Academia; Hernâni Donato, vice-presidente; e Antônio D'Ávila, representante de São Paulo.

Em relação aos artigos em periódicos, foram publicados, entre 1986 e 2009, e apresentam abordagens diferentes relacionadas à literatura infantil, como no caso das teses e dissertações. Dentre esses artigos, destaco "Pequena bibliografia da literatura infantil", no qual as autoras Fujiki e Dallalt (1966), em decorrência da dificuldade de se localizar livros que tratam de aspectos *sobre* a literatura infantil, à época, apresentam uma relação de livros que pode auxiliar o leitor interessado, destacando que:

> *Compêndio de literatura infantil*, publicado pela Profa. Bárbara Vasconcelos de Carvalho, em São Paulo, no ano de 1961.[16] Trata-se de obra didática, especialmente escrita para atender ao programa de literatura infantil do 3º. ano do curso normal. Abrange toda a matéria, de uma maneira simples e direta, e constitui um livro indispensável às professoras primárias. (grifo da autora)

Além dos textos acadêmicos e dos artigos e notas em jornais, destaco as menções a Bárbara V. de Carvalho e citações de textos seus em livros, como *Literatura infantil brasileira*: ensaio de preliminares para a sua história e suas fontes, de Arroyo (1968); e *A literatura infantil*: história, teoria, análise, de Coelho (1981).

Como Bárbara V. de Carvalho é autora do primeiro manual de ensino de literatura infantil, outros autores de manuais de ensino e/ou capítulos utilizaram seu manual como base para formularem os deles. De acordo com as informações apresentadas no Quadro 3, oito manuais de ensino contêm citações de textos de Carvalho e, desse número, cinco

---

16 Essa data se refere ao ano de publicação da segunda edição de *Compêndio de literatura infantil*, pela Editora Leia, de São Paulo.

são destinados ao ensino da literatura infantil e dois contêm capítulos sobre literatura infantil.

Também algumas bibliografias sobre literatura infantil contêm menções à produção escrita de Bárbara V. de Carvalho. Segundo Magnani (1998), a partir da década de 1960, com uma produção mais sistemática de livros *de* literatura infantil, passaram a ser publicadas bibliografias especializadas *sobre* literatura infantil, nas quais estão reunidos títulos de livros *de* literatura infantil publicados no Brasil. Dentre as bibliografias publicadas, três delas contêm menções aos seus livros *de* literatura infantil.

Além desses textos, é importante destacar que *Compêndio de literatura infantil* é indicado como bibliografia básica sobre literatura infantil e recomendado como adequado para o desenvolvimento da disciplina "Literatura infantil" no documento oficial "Habilitação específica de 2º Grau para o magistério: guias curriculares para a parte diversificada da formação especial", elaborado pela Coordenadoria de Estudos e Normas Pedagógicas do estado de São Paulo (CENP), e publicado em 1981, para subsidiar a elaboração de planos de ensino dos diferentes componentes curriculares do curso de Habilitação Específica para o Magistério (HEM) desse estado.

Ao analisar, de modo geral, as 86 referências de textos que contêm menções a Bárbara V. de Carvalho, sua atuação profissional ou produção escrita e/ou citam textos seus, pude observar que o livro mais recorrentemente citado e/ou mencionado é *Literatura infantil*: visão histórica e crítica, nas suas diferentes edições, seguindo de *Compêndio de literatura infantil*, também em suas diferentes edições, o que permite afirmar que o reconhecimento de sua atuação profissional decorreu (ainda decorre), sobretudo, do seu pioneirismo em ter tido publicado um manual de ensino de literatura infantil e de sua dedicação no estudo, ensino e divulgação desse gênero literário.

3
APRESENTAÇÃO DE
COMPÊNDIO DE LITERATURA INFANTIL

A trajetória editorial

Desde que assumiu o cargo como professora de língua portuguesa no estado de São Paulo, em 1953, sobretudo quando passou a atuar junto a escolas que ofereciam o curso normal, Bárbara V. de Carvalho reservava parte do programa de língua portuguesa para os "estudos" sobre literatura infantil (Carvalho, C. V., 2010). Considerado o primeiro compêndio específico para o ensino da literatura infantil publicado em língua portuguesa (Coelho, 2006), *Compêndio de literatura infantil* teve sua primeira edição publicada em 1959, pela Companhia Editora Nacional. Essa editora, fundada em 1925, por Octalles Marcondes Ferreira e José Bento Monteiro Lobato, durante a década de 1950 se consagrou como a maior editora brasileira e uma das principais no ramo dos livros didáticos. E sua produção, nesse período:

> [...] atingiu o pico entre cinco e sete milhões de exemplares por ano. Em 1954, produziu 368 edições num total de 5.141.500 exemplares; em 1955, 349 edições, com 6.002.500 exemplares impressos. Então, ainda ocupando, com folga, o primeiro lugar entre as editoras brasileiras [...] Doze anos mais tarde, ainda se atribuíam à Editora Nacional 55% de todos os livros

didáticos para o ensino primário e secundário publicados no Brasil. Para este último nível, em 1970, havia praticamente apenas duas concorrentes, a Ática e a Editora do Brasil. (Hallewell, 2005, p.372)

Em decorrência do esgotamento da primeira edição, esse compêndio teve outras duas edições: a segunda em 1961, pela Edições Leia, que não localizei nenhuma informação a seu respeito, apenas pude observar que o nome "Leia" significa a abreviação de "Livraria Editora Importadora Americana Ltda."; e a terceira, cuja data de publicação não pude localizar, pelo Ibep, que foi fundada em 1965 por Jorge Antonio Miguel Yunes e Paulo Cornado, e que a partir do final da década de 1970 adquiriu a Companhia Editora Nacional, após o falecimento de Octalles Marcondes Ferreira. O Ibep revisou e atualizou toda a linha de produção de livros didáticos da Companhia Editora Nacional, publicando seus livros com o selo das duas editoras.

Além da mudança de editora, *Compêndio de literatura infantil* também teve a segunda edição ampliada, comparativamente à primeira, e a terceira, comparativamente à segunda. E, em decorrência, presumivelmente, da mudança de editora, esse compêndio foi publicado, em cada uma das três edições, com formato e quantidade de páginas diferentes. A primeira edição, publicada pela Companhia Editora Nacional, tem formato 13,5 cm x 19,5 cm e contém 139 páginas. A segunda edição, publicada pela Edições Leia, tem formato 13,5 cm x 18,5 cm e contém 200 páginas. E a terceira edição, publicada pelo Ibep, tem formato 14,5 cm x 21,5 cm e contém 183 páginas.

Assim como há diferença nas dimensões e quantidade de páginas entre os exemplares de cada uma das edições, há diferenças também no conteúdo das capas.

Impressa em papel flexível e em cor "esverdeada", a capa do exemplar da primeira edição, na parte superior, contém nome da autora seguido do título do compêndio, em letras maiores em na cor azul, diferentemente de todo o restante. Logo abaixo, consta o subtítulo e a informação *"De acôrdo com o programa Oficial"*. Na parte inferior da capa, constam as informações referentes à editora.

Impressa em papel flexível, na cor "vermelha" e com ilustrações na cor "branca", a capa do exemplar da segunda edição, na parte superior, contém o nome da autora impresso na cor "preta". O título do compêndio ocupa a maior parte da capa e foi impresso dentro de quadros brancos. No caso da capa da segunda edição, não consta o subtítulo nem a informação *"De acôrdo com o programa Oficial"*. Na parte inferior da capa, no canto direito, consta o logotipo da Edições Leia.

Impressa em papel duro, na cor "rosa" e com ilustrações na cor "branca", a capa do exemplar da terceira edição, na parte superior, contém o nome da autora impresso na cor "verde", seguido do título do compêndio, também em cor "verde". Assim como exemplar da segunda edição, o exemplar da terceira edição também não contém indicação do título e da informação sobre o programa oficial. Na parte inferior da capa, no canto direito, na posição vertical, consta o logotipo do Ibep.

Figura 2 – Capas dos exemplares das primeira, segunda e terceira edições de *Compêndio de literatura infantil*

Fonte: Acervo do Gphellb.

Além desse exemplar da terceira edição, que apresentei a descrição da capa, localizei um outro exemplar, também da terceira edição publicada pelo Ibep, com capa diferente desse. Impressa na cor "vermelha", com ilustrações brancas e nome da autora e título do compêndio na cor "azul", considero que esse exemplar, de acordo com análise que fiz, trata-se de uma reimpressão da terceira edição publicada pelo Ibep.

Considero que o exemplar da terceira edição com capa na cor "vermelha" seja uma reimpressão, pois o número de telefone da editora, que consta na página de rosto, teve um dígito acrescido no seu início, o que penso indicar atualização em relação ao exemplar da terceira edição de capa na cor "rosa".

De acordo com a análise que fiz desses dois exemplares da terceira edição, observei que não existe diferença no conteúdo deles.

Figura 3 – Capa de outro exemplar da terceira edição de *Compêndio de literatura infantil.*

Fonte: Acervo pessoal do autor.

Nas páginas de rosto dos exemplares das três edições, com pequenas modificações quanto à disposição das informações, repetem-se as informações contidas na capa e é acrescido, em todos eles, abaixo do nome da autora, a informação: "Professôra catedrática do Ginásio Estadual 'Jácomo Stávale' – São Paulo". No caso do exemplar da segunda edição, constam subtítulo do compêndio e a informação *"De acôrdo com o programa Oficial",* que foram suprimidos da capa, e a informação "2ª edição ampliada". No caso do exemplar da terceira edição, constam, também, subtítulo e informação sobre o programa oficial, além da informação "3ª. edição ampliada". No exemplar da segunda edição que analisei, consta uma página que antecede a página de rosto. Nessa página, contém apenas o título do compêndio e no seu verso consta a seguinte informação:

"DA MESMA AUTORA:
- NUVENS (Poesias) – São Paulo, Ed. Alarico, 1955
- CANCIONEIRO DA CRIANÇA – São Paulo, Ed. Clássico Científica, 1960. (Carvalho, 1961b, s.p.)

No exemplar da primeira edição que analisei, não consta sumário nem indicação de capítulos, porém pude observar que em algumas páginas, na medida em que a autora apresenta um aspecto relacionado à literatura infantil, há um título em destaque que se inicia mais abaixo em relação ao cabeçalho da página. Por isso, considerei as páginas que têm essas características como o início de um capítulo.

Os exemplares da segunda e terceira edições que analisei contêm sumário na última página do compêndio.

Considerando minha classificação, o exemplar analisado da primeira edição contém 19 capítulos que são antecedidos de apresentação, página de agradecimento, página intitulada "Aos colegas" e dedicatória.

Ao analisar o sumário contido na página final dos exemplares das segunda e terceira edições e compará-los ao seus respectivos conteúdos, observei que há irregularidade nas informações, pois algumas partes do conteúdo do compêndio contêm a indicação do número do capítulo e outras, não; também alguns tópicos estão indicados no sumário como capítulo. Por esse motivo, mantive para os exemplares da segunda e terceira edições o mesmo critério para identificar os capítulos que utilizei no exemplar da primeira edição. Assim, de acordo com minha classificação, os exemplares da segunda e terceira edições contêm 28 capítulos, cada um.

No Quadro 9, apresento os títulos dos capítulos dos exemplares da primeira, segunda e terceira edições, de acordo com minha classificação.

84 FERNANDO RODRIGUES DE OLIVEIRA

Quadro 9 – Título dos capítulos dos exemplares da primeira, segunda e terceira edições de *Compêndio de literatura infantil*

N° capítulo	Primeira edição	Segunda edição	Terceira edição
1	"Origem e desenvolvimento da literatura infantil"	"Á guisa de prólogo"	"Á guisa de prólogo"
2	"Primeiras coletâneas de contos maravilhosos: século XVIII"	"Explicação oportuna"	"Explicação oportuna"
3	"Ainda no século XVIII"	"Origem e desenvolvimento da literatura infantil"	"Origem e desenvolvimento da literatura infantil"
4	"A literatura de ficção no século XIX"	"A tradição oral"	"A tradição oral"
5	"Literatura infantil no Brasil: precursores e seguidores"	"Origem histórica"	"Origem histórica"
6	"Monteiro Lobato: o século XX"	"Origem da literatura infantil"	"Origem da literatura infantil"
7	"Publicação – revistas – outras atividades recreativas"	"A literatura intencionalmente infantil"	"A literatura intencionalmente infantil"
8	"Caracterização da literatura infantil: fases e modalidades"	"Panorama do século XVII"	"Panorama do século XVII"
9	"A literatura didática e recreativa"	"Primeiras coletâneas de contos maravilhosos: século XVIII"	"Primeiras coletâneas de contos maravilhosos: século XVIII"
10	"A poesia na literatura infantil"	"A literatura de ficção no século XIX"	"A literatura de ficção no século XIX"
11	"Requisitos literários, morais, psicológicos e materiais do livro de literatura infanto-juvenil"	"Autores consagrados: do século XIX aos nossos dias"	"Autores consagrados: do século XIX aos nossos dias"

continua

N° capítulo	Primeira edição	Segunda edição	Terceira edição
12	"Finalidades didáticas, psicológicas, sociais e morais da literatura infanto-juvenil"	"Panorama do século XIX"	"Panorama do século XIX"
13	"O Teatro"	"Literatura infantil no Brasil: precursores e seguidores"	"Literatura infantil no Brasil: precursores e seguidores"
14	"Teatro infantil"	"Monteiro Lobato: o século XX"	"Monteiro Lobato: o século XX"
15	"Fábula"	"A poesia na literatura infantil"	"A poesia na literatura infantil"
16	"O folclore nacional"	"O Teatro"	"O Teatro"
17	"Biblioteca"	"Teatro infantil"	"Teatro infantil"
18	"Biblioteca infantil"	"O cinema: breve histórico"	"O cinema: breve histórico"
19	"Prática: algumas sugestões"	"Fábula"	"Fábula"
20		"O folclore nacional"	"O folclore nacional"
21	–	"Publicação – revistas – outras atividades recreativas"	"Publicação – revistas – outras atividades recreativas"
22	–	"Caracterização da literatura infantil: fases e modalidades"	"Caracterização da literatura infantil: fases e modalidades"
23	–	"A literatura didática e recreativa"	"A literatura didática e recreativa"
24	–	"Requisitos literários, morais, psicológicos e materiais do livro de literatura infanto-juvenil"	"Requisitos literários, morais, psicológicos e materiais do livro de literatura infanto-juvenil"

continua

N° capítulo	Primeira edição	Segunda edição	Terceira edição
25	–	"Finalidades didáticas, psicológicas, sociais e morais da literatura infanto-juvenil"	"Finalidades didáticas, psicológicas, sociais e morais da literatura infanto-juvenil"
26	–	"Biblioteca"	"Biblioteca"
27	–	"Biblioteca infantil"	"Biblioteca infantil"
28	–	"Prática: algumas sugestões"	"Prática: algumas sugestões"

Fonte: Carvalho (1959; 1961b; s.d.[d]).

De acordo com as informações apresentadas no Quadro 9, observa-se que há uma mudança bastante significativa na quantidade e nos títulos dos capítulos da segunda edição comparativamente à primeira. No caso da terceira edição, comparativamente à segunda, não há alteração em relação à quantidade e título dos capítulos.

Pela análise comparativa que fiz entre os exemplares das três edições, pude verificar que a maior alteração em relação ao conteúdo ocorreu na publicação da segunda edição, comparativamente à primeira. Observei que alguns tópicos de capítulos da primeira edição foram reorganizados na forma de capítulos na segunda edição, como é o caso do tópico "A origem da literatura infantil", do capítulo 1 do exemplar da primeira edição, que na segunda edição foi publicado como capítulo 6 – "Origem da literatura infantil".

Ao todo, cinco tópicos de capítulos da primeira edição foram publicados no formato de capítulos na segunda edição, a saber: "A tradição oral"; "Origem histórica"; "A origem da literatura infantil"; "A literatura intencionalmente infantil"; e "Autores consagrados: do século XIX aos nossos dias". Apesar da minha utilização de critérios próprios para classificar os capítulos nos três exemplares analisados, não há duvidas em relação a essa modificação, pois, no exemplar analisado da primeira edição, esses tópicos aparecem de forma seguida no texto, já no exemplar analisado da segunda edição, além de iniciarem-se numa nova página, há, na parte superior da página, a indicação do número do capítulo ao qual correspondem.

Além dessas modificações na segunda edição, comparativamente à primeira, observei, ainda: que foram ampliados significativamente alguns capítulos; foram elaborados novos tópicos em capítulos; e houve acréscimo de cinco novos capítulos, a saber: "À guisa de prólogo"; "Explicação oportuna"; "Panorama do século XVII"; "Panorama do século XIX"; e "O cinema".

No caso do exemplar da terceira edição, observei três modificações significativas em relação ao conteúdo, comparativamente à segunda: o acréscimo do tópico "A criança e o adolescente", no capítulo 6; ampliação do capítulo 9 – "Autores consagrados: do século XIX aos nossos dias"; e acréscimo do subtópico "Cid Franco e a «Bola de Luz»", no Capítulo 14 – "Monteiro Lobato: o século XX".

Ao longo dos capítulos dos exemplares das três edições que analisei, pude observar que nenhum deles apresenta informações em nota de rodapé e, apenas nos capítulos "Caracterização da literatura: fases e modalidades", "Fábula" e "O folclore nacional", há epígrafe. No caso do capítulo "Caracterização da literatura: fases e modalidades", a epígrafe foi extraída de um texto de Victor Hugo; no caso do capítulo "Fábula", a epígrafe foi extraída de um texto de J. Mansos; e, no caso do capítulo "O folclore nacional", a epígrafe foi extraída de um texto cujo autor não é informado.

Um aspecto importante em relação aos capítulos dos exemplares das três edições é que um deles não é de autoria de Bárbara V. de Carvalho. Trata-se do capítulo intitulado "Biblioteca infantil", que consta como penúltimo capítulo nos exemplares das três edições que analisei. O conteúdo desse capítulo é de autoria de Lenyra Fraccaroli, que, segundo Bárbara V. de Carvalho (1959; 1961b; s.d.[d]), em nota de agradecimento, contribuiu para publicação de *Compêndio de literatura infantil* com a inclusão de seu trabalho.

Nesse texto de Lenyra Fraccaroli, transcrito por Bárbara V. de Carvalho como um capítulo de seu compêndio, intitulado "Biblioteca infantil", estão contidas instruções para que o professor possa organizar uma biblioteca para crianças. Segundo Fraccaroli (apud Carvalho, 1959, p.124),

Se a função da escola é formar na criança o hábito de pensar, oferecendo-lhe oportunidade de construir os seus moldes de comportamento adaptáveis ao arcabouço social em mutações constantes, a biblioteca torna-se complemento indispensável das salas escolares, abrindo à criança as largas estradas que poderão conduzi-la ao conhecimento das realidades sociais.

Além disso, Fraccaroli (apud Carvalho, 1959; 1961b; s.d.[d]) apresenta dados referentes à organização da Biblioteca Infantil "Monteiro Lobato", de São Paulo, bem como informações sobre o acervo disponível à época. No conteúdo desse capítulo, no exemplar das primeira e segunda edições, há imagens que representam fichas de leitura, cartão do usuário da biblioteca, ficha de assunto dos livros, e ficha de matrícula, que tem por objetivo servir de modelo para os alunos dos cursos normais. No exemplar que analisei da terceira edição, essas imagens não constam, há apenas o texto de autoria de Lenyra Fraccaroli.

Ao final dos capítulos de cada um dos exemplares, consta a bibliografia utilizada por Bárbara V. de Carvalho, a qual é composta quase que totalmente por livros estrangeiros.

Quadro 10 – Relação dos livros e respectivos autores que constam na bibliografia dos exemplares das primeira, segunda e terceira edições de *Compêndio de literatura infantil*

Primeira edição	Segunda edição	Terceira edição
Histoire de La littérature enfantine – Jean de Tigon	*Il livro Del fanciullo* – Vicenzina Battistelli	*Il livro Del fanciullo* – Vicenzina Battistelli
Metodologia da linguagemm – J. Budin	*Histoire de La littérature enfantine* – Jean de Tigon	*Histoire de La littérature enfantine* – Jean de Tigon
La enseñanza Del lenguaje – Domingo T. Benetí.	*La presse, Le film et La radio pour enfants* – Bauchard	*La presse, Le film et La radio pour enfants* – Bauchard
Arte de hablar – Hermosilla Salva	*Canto Alle rondini* – Piero Bargellini	*Canto Alle rondini* – Piero Bargellini
Monteiro lobato: vida e obra – Edgard Cavalheiro	*O pequeno jornalista* – Adelmo Rielli	*O pequeno jornalista* – Adelmo Rielli
Comment Raconter des histoires a nos enfants – Sara C. Bryant	*Comment Raconter des histoires a nos enfants* – Sara C. Bryant	*Comment Raconter des histoires a nos enfants* – Sara C. Bryant

continua

Primeira edição	Segunda edição	Terceira edição
Metodologia da linguagem – Orlando Leal Carneiro	*Instrución ética de La juventud* – Fr. W. Foerster	*Instrución ética de La juventud* – Fr. W. Foerster
O teatro na escola – Olga Obry	*La literatura infantil* – Jesualdo	*La literatura infantil* – Jesualdo
La literatura infantil – Jesualdo	*Metodologia da linguagem* – Orlando Leal Carneiro	*Metodologia da linguagem* – Orlando Leal Carneiro
A arte da leitura – Gonçalves Viana	*Monteiro lobato:* vida e obra – Edgard Cavalheiro	*Monteiro lobato:* vida e obra – Edgard Cavalheiro
La presse, Le film et La radio pour enfants – Bauchard	*Como fazer teatrinho de bonecas* – Maria Clara Machado	*Como fazer teatrinho de bonecas* – Maria Clara Machado
Como fazer teatrinho de bonecas – Maria Clara Machado	*O teatro na escola* – Olga Obry	*O teatro na escola* – Olga Obry
Instrución ética de La juventud – Fr. W. Foerster	*Teatro brasileiro* – Joracy Camargo	*Teatro brasileiro* – Joracy Camargo
	História de La literatura infantil española – Carmem Bravo-Vilassante	*História de La literatura infantil española* – Carmem Bravo-Vilassante
	7ª. arte: Cinéma pour enfants – Mary Field	*7ª. arte:* Cinéma pour enfants – Mary Field
	Histoire Du cinéma – Lo Puca	*Histoire Du cinéma* – Lo Puca

Fonte: Carvalho (1959; 1961b; s.d.[d]).

Por meio das informações apresentadas no Quadro 10, observa-se que nas segunda e terceira edições, comparativamente à primeira, houve acréscimo de títulos na bibliografia, pois na primeira edição constam os títulos e respectivos nomes dos autores de 13 livros, e nas segunda e terceiras edições constam relação de 16 títulos de livros e respectivos autores. Além disso, a relação de títulos que consta no exemplar da segunda edição é o mesmo que consta no exemplar da terceira edição.

Apenas um título que consta na relação do exemplar da primeira edição não consta nas bibliografias dos exemplares da segunda e terceira edições, trata-se de *A arte de hablar*, de Hermosilla Salva.

Dos 13 títulos que integram a bibliografia da primeira edição: cinco são de autores brasileiros; três, de franceses; três, de espanhóis; e um, de argentino.

Dos 16 títulos que integram a bibliografia dos exemplares das segunda e terceira edições: seis são de autores brasileiros; cinco, de franceses; dois, de espanhóis; dois, de italianos; e um, de argentino. Apesar dessa bibliografia que consta ao final dos três exemplares que analisei, Bárbara V. de Carvalho não os menciona e/ou usa citações desses livros ao longo dos capítulos de *Compêndio de literatura infantil*. Apenas J. Budin, Jesualdo, Olga Obry, Edgard Cavalheiro e Orlando Leal Carneiro são mencionados ao longo do texto; porém, não há citações literais de textos seus.

Mesmo não constando na bibliografia, Bárbara V. de Carvalho menciona e, em alguns casos, cita de forma indireta autores como: Sócrates; Platão; Sigmund Freud; Jean-Jacques Rosseau; Walter Scoot; Aurélio Buarque de Holanda; Ribot; e Comenius. Além desses, ela menciona nome de mais de 40 autores brasileiros e estrangeiros de livros *de* literatura infantil. Apesar de em alguns casos ela apresentar análise do livro e também dados biográficos do autor, não há menção de onde foram extraídas essas informações.

Apenas no exemplar da terceira edição, na página que antecede a bibliografia, consta a seguinte nota:

> Para organizar-se uma pequena biblioteca, aconselhamos o trabalho da Profª. Denise Fernandes Tavares, fundadora e Diretora da Biblioteca Infantil de Salvador – Bahia. Livro interessante e útil às professoras – "sugestões para Organização duma pequena Biblioteca infantil" – Denise Fernandes de Tavares. (Carvalho, s.d.[d], s.p.)

O conteúdo

Embora *Compêndio de literatura infantil* tenha mudado de editora ao longo de sua trajetória editorial e, como apontei no tópico anterior deste capítulo, mesmo tendo sido as diferentes edições ampliadas e revistas, é possível afirmar que o conteúdo de *Compêndio de literatura infantil* não foi alterado significativamente. O que pude observar foram apenas acréscimos e ampliações das informações que a autora apresentou na primeira edição, de 1959.

Assim, a fim de evitar repetições desnecessárias, optei por apresentar conteúdo dos exemplares das três edições de *Compêndio de literatura infantil* em um único tópico.

Dedicado a "Valdirinho e Márcia", netos de Bárbara V. de Carvalho, e com nota de agradecimento a Lenyra Fraccaroli e Beatriz Bittencourt, *Compêndio de literatura infantil* foi escrito em primeira pessoa do plural e com alguns trechos em primeira pessoa do singular.

Em texto intitulado "Aos colegas", Bárbara V. de Carvalho (1959, p.7) ressalta que seu compêndio

> [...] é produto de aulas e de leituras escassas, evidentemente pela pobreza de material no gênero, em nosso meio. Apesar de ser um assunto que sempre nos atraiu, avolumou-se, tornou-se complexo, em se tratando de transmitir, disciplinadamente, com a responsabilidade de ensinar.

Com a elaboração de *Compêndio de literatura infantil*, Bárbara V. de Carvalho teve por objetivo capacitar os professorandos no que se refere à orientação de leituras de seus alunos, de forma a considerar o desenvolvimento psicológico e moral de cada um e substituir tudo o que não convém à sua formação psicológica (Carvalho, 1959; 1961b; s.d.[d]).

A partir da apresentação da origem e desenvolvimento da literatura, a autora inicia os capítulos de seu compêndio e afirma que a tradição oral é a origem da literatura e também de todo o pensamento humano. Assim, se a tradição oral é origem de todo pensamento, é também a origem da literatura infantil e de seus personagens fantásticos, como a fada, o mágico, o mago e os "ogres".

Apesar de a literatura infantil ser originária da tradição oral, segundo Bárbara V. de Carvalho (1959; 1961b; s.d.[d]) somente no século XVII é que se passa a ter literatura "intencionalmente infantil".

Na publicação da primeira edição, Bárbara V. de Carvalho (1959) não explicita o que entende por "literatura intencionalmente infantil",

92 FERNANDO RODRIGUES DE OLIVEIRA

essa explicação é incluída na ampliação que ocorre na publicação da segunda edição. Segundo Bárbara V. de Carvalho (1961b, p.26):

> Embora ainda não possamos caracterizar a literatura do século XVII como uma literatura tecnicamente infantil, procuramos fixar aí o seu início, considerando a impossibilidade, principalmente, do ponto de vista psicológico e pedagógico de encontrar-se naquele século uma literatura especializada.
>
> No entanto, ninguém ignora que daí parte a intenção de escrever para menores, razão por que a denominamos de *intencionalmente* infantil. (grifo da autora)

Para Bárbara V. de Carvalho (1959; 1961b; s.d.[d]), é com os textos de Charles Perrault e Fénelon que a literatura "intencionalmente infantil" se inicia. No caso de Fénelon, essa literatura contém característica mais didática, e, no caso de Perrault, é mais clássica, o que faz que se tenha em Perrault "a literatura infantil que até hoje e em toda parte encanta a criança" (1959, p.22).

Em continuidade à apresentação da origem e desenvolvimento da literatura infantil, Bárbara V. de Carvalho apresenta escritores do século XVIII que ficaram conhecidos por escreverem para crianças e, entre os livros escritos por esses escritores, ela destaca alguns que se "tornaram infantis", em decorrência do uso que se fizeram deles. Os livros mencionadas a título de exemplo por Bárbara V. de Carvalho (1959; 1961b; s.d.[d]) são: *As viagens de Gulliver*, de Jonathan Swift; e *Robinson Crusoé*, de Daniel Defoe, os dois publicados na Inglaterra.

Em relação ao século XIX, Bárbara V. de Carvalho inicia sua apresentação com aquele que ela considera ser "o maior esteta" da literatura infantil, Hans Christian Andersen.

Por meio de análise comparativa entre os textos de Andersen e Perrault, Bárbara V. de Carvalho considera que

> Perrault observou e registrou, genialmente, as tradições, transmitindo-as mais do que vivendo-as. Andersen viveu tanto os problemas de novo, sentiu-os tanto em sua própria carne, que não poderia se um simples

registrador genial, como Perrault, mas, uma antena humana. Por isso mesmo, se torna mais psicológico, sentindo e interpretando mais do que registrando; mostrando mais as reações do que os fatos; abandonando em parte, a narração para penetrar nas reações humanas, nos seus dramas íntimos ou na sua beleza interior. (Carvalho, 1959, p.41)

Além de Andersen, Bárbara V. de Carvalho (1959; 1961b; s.d.[d]) apresenta informações sobre os escritores alemães Jacob e Wilhelm Grimm, conhecidos como Irmãos Grimm.

Numa ligeira crítica, poderíamos dizer que alguns dos contos de Grimm ainda exigem reparos para as crianças, Citemos "João e Maria", que apresenta progenitores capazes de desprezar seus filhos; crianças que, ao se libertarem do perigo, carregam bens que não lhes pertencem; pais que se regozijam com isto e os recebem com prazer, quando eles lhes trazem fortuna, etc. (Carvalho, 1959, p.43-4)

Ainda em relação aos escritores do século XIX, Bárbara V. de Carvalho (1959; 1961b; s.d.[d]) apresenta: Antoine de Saint-Exupery, autor de *O pequeno príncipe*; e Oscar Wilde, "[...] que embora tivesse escrito obras dolorosas, nos deu páginas da mais delicada beleza, como 'O príncipe feliz', 'O rouxinol e a rosa' e outras" (ibidem, p.44).

Em relação aos escritores de literatura infantil do século XIX, nos exemplares da segunda edição, de 1961, e terceira edição, sem data de publicação, Bárbara V. de Carvalho acrescenta, comparativamente à primeira edição, informações sobre: Carlo Lorenzini, o Collodi; Charles Dickens; J. Matthew Barrie; Sophie Ségur; Edmundo de Amicis; Lewis Carroll; Mark Twain; H. Beecher Stowe; Fenimore Cooper; Lyman Frank Baum; Hector Malot; Rudyard Kipling; Contâncio Vigil; Selma Lagerlöf; Júlio Verne; Otávio Feuillet; Maeterlink; Vamba; Adolfo Simões Müller; Virgínia de Castro e Almeida; Emília de Souza Costa; Gabriel Ferrão; José Rosado; e Alves Redol.

Ainda nas segunda e terceira edições, Bárbara V. de Carvalho acrescenta um capítulo sobre o "Panorama histórico do século XIX", no qual situa os autores que mencionei antes no âmbito dos acontecimentos históricos do século XIX.

Após apresentar os escritores que considera precursores da literatura infantil universal, Bárbara V. de Carvalho (1959; 1961b; s.d.[d]) apresenta os "precursores e seguidores" da literatura infantil brasileira.

Segundo Bárbara V. de Carvalho (1959, p.47), no caso brasileiro,

> Talvez, dada a delicadeza do assunto e não havendo então uma preocupação dirigida realmente à educação e à cultura infanto-juvenil, em nossa terra, a literatura infantil, no Brasil, só começou a esboçar-se nos fins do século passado [século XIX], quando a preocupação educacional se tornou uma realidade.

De acordo com Bárbara V. de Carvalho (1959; 1961b; s.d.[d]), somente com a chamada "pedagogia moderna", preconizada, no Brasil, entre outros, por Rui Barbosa, Maria Guilhermina de Loureiro, Theodoro de Moraes e João Köpke, é que se passa a ter uma cultura infantil específica, da qual decorre uma preocupação com as leituras destinadas às crianças.

Para Bárbara V. de Carvalho (1959; 1961b; s.d.[d]), se Charles Perrault é o primeiro escritor de literatura infantil no mundo, no Brasil, Alberto Figueiredo Pimentel pode ser considerado um precursor, pois adaptou para o português, em 1894, "o primeiro livro para crianças – "Contos da Carochinha", que é uma coletânea de 40 contos populares [...]" (Carvalho, 1959, p.48).

Além de Alberto Figueiredo Pimentel, Thales Castanho de Andrade e Olavo Bilac são considerados por Bárbara V. de Carvalho (1959; 1961b; s.d.[d]) precursores da literatura infantil no Brasil.

Nas segunda e terceiras edições, Bárbara V. de Carvalho (1959; 1961b; s.d.[d]) amplia o capítulo sobre os precursores da literatura infantil no Brasil, incluindo os nomes de: Renato Sêneca Fleury; Vicente Paula Guimarães; Narbal de Marsillac e sua Senhora; Mário Donato; Acquarone; Francisco Marins; Manoel José Gondin da Fonseca; Érico Veríssimo; Nina Salvi; Mary Buarque; Glória Regi e Orion; Arnaldo de Oliveira Barreto; Lourenço Filho; Virgínia S. Lefévre; e Lúcia Machado de Almeida.

Mesmo sendo todos esses considerados precursores da literatura infantil, segundo Bárbara V. de Carvalho (1959; 1961b; s.d.[d]), é Monteiro Lobato quem cria a literatura infantil "propriamente brasileira".

> Evidentemente, a Literatura Infantil estava criada e amplamente cultivada, porém não tão difundida. Faltava difusão, penetração e popularidade. Bons autores até então foram revelados, mas faltava genialidade para o gênero. Faltava o gênio criador da Literatura Infantil brasileira. Aquele que lhe desse plasticidade e popularidade; que lhe desse penetração; que a fizesse viva, da criança para a criança; que imortalizasse, como Perrault e como Andersen. (Carvalho, 1959, p.51)

Após esboçar os aspectos históricos da literatura infantil no mundo e no Brasil, Bárbara V. de Carvalho (1959; 1961b; s.d.[d]) apresenta aspectos relacionados à poesia infantil, ao teatro infantil e à fábula.

A poesia é considerada, segundo a autora, como a primeira forma de expressão literária e não pode ser considera inacessível à criança, pois é "veículo de educação desde a alfabetização" (Carvalho, 1959, p.76).

Apesar da importância da poesia na educação das crianças, de acordo com Bárbara V. de Carvalho (1959; 1961b; s.d.[d]), ela deve obedecer a alguns requisitos:

> Deve ter ritmo familiar, linguagem expressiva e viva, em redondilha maior (verso de 7 silabas), ou menor (de 5 silabas). Para crianças menores, deve apresentar um refrão (estribilho), à maneira das ingênuas poesias ou cantigas medievais. Seu tema deve inspirar-se em coisas simples, que nos cercam: animais, flores, as maravilhas da natureza, objetos familiares, etc... (Carvalho, 1959, p.75)

Além das poesias, o teatro é considerado por Bárbara V. de Carvalho (1959; 1961b; s.d.[d]) fator educativo e instrumento importante para a formação das crianças. Segundo a autora, o teatro "é a mais completa e perfeita forma de educar e recrear [...]", pois ele "[...] aperfeiçoa a leitura; corrige a pronuncia; aprimora a dicção; desenvolve a memória, a inteligência e a compreensão; estimula o senso estético e crítico; educa o espírito e a conduta" (Carvalho, 1959, p.98-100).

Dessa forma, como a poesia, também o teatro deve ser adequado à idade cronológica da criança. Para crianças com idade entre quatro e sete anos, devem ser oferecidos os jogos dramáticos, os contos de fadas e as lendas folclóricas, para as crianças com idade entre oito e 12 anos, devem ser oferecidas peças nas quais as personagens tenham proximidade com o mundo real, peças que explorem os sentimentos morais e sociais (Carvalho, 1959; 1961b; s.d.[d]).

Ainda segundo Bárbara V. de Carvalho (1959; 1961b; s.d.[d]), qualquer que seja o trabalho realizado com o teatro, a moralidade "deve ser insinuada, sem imposição e de modo incontestável" (Carvalho, 1959, p.100). A partir da segunda edição, Bárbara V. de Carvalho acrescentou um capítulo sobre o cinema, no qual afirma que, embora sejam raras obras do cinema infantil e juvenil, elas têm grandes contribuições para a formação das crianças e, por isso, devem ser utilizadas durante as aulas (Carvalho, 1961b).

Assim como a poesia, o teatro e o cinema são fundamentais para a formação psicológica e moral da criança; Bárbara V. de Carvalho (1959; 1961b; s.d.[d]) afirma que as fábulas, as lendas, o folclore nacional as revistas e jornais infantis também são e, por esse motivo, apresenta algumas características desses tipos de textos.

Após apresentar um "panorama histórico" da literatura infantil e a importância dos diferentes tipos de texto que podemos encontrar na literatura infantil, Bárbara V. de Carvalho (1959; 1961b; s.d.[d]) apresenta aspectos relacionados à caracterização da literatura infantil, seus fundamentos e requisitos.

Para Bárbara V. de Carvalho (1959; 1961b; s.d.[d]) há distinção entre "literatura didática" e "literatura recreativa". Para ela, toda literatura, seja ela didática ou recreativa, é instrutiva ou educativa, mas, denomina-se de "literatura didática", quando se tem especial e único objetivo instruir o leitor (Carvalho, 1959).

A "literatura didática" passa a ser publicada no Brasil, segundo Bárbara V. de Carvalho (1959; 1961b; s.d.[d]), a partir da "reforma dos pioneiros", e isso se deve, especialmente, segundo ela, a João Köpke, Maria Guilhermina de Loureiro, Theodoro de Moraes, Oscar Thompson, Arnaldo de Oliveira Barreto, entre outros.

A "literatura recreativa", por sua vez:

> É todo acervo de bela e agradável leitura, que também não deixa de ser cultural. É a este material, quando dedicado à criança e ao adolescente, que chamamos de Literatura Infantil. Esta literatura tem por objetivos formar e desenvolver o hábito e o gosto pela leitura; disciplinar a atenção; estimular a inteligência e a memória; cultivar a imaginação; despertar o interesse pela sociedade humana e seus problemas comuns; vivificar o espírito, dando-lhe agucidade e penetração; finalmente, aperfeiçoar o caráter, pois sabemos que a arte é, sobretudo, edificante e moralizadora, predispondo o espírito para os valores estéticos e éticos, para o Bem e para o Belo. (Carvalho, 1959, p.72)

Para Bárbara V. de Carvalho (1959; 1961b; s.d.[d]), a "literatura recreativa" deve ser ajustada à evolução da criança.

> Dos 4 aos 7 anos, a criança percorre a fase *egocêntrica*, faz de *fabulação* ou *imaginismo*. Esta é a fase dos contos de fadas, de animais, de fatos da vida real. [...] Quando mais fantástico, mas ao seu agrado. [...]
> Dos 8 aos 12 anos, já o interesse varia, embora os contos maravilhosos, agradem sempre. Surge uma nova atração, esta é uma fase de transição entre a infância e a adolescência, de inquietação: é a fase de *socialização* ou *racional*, fase do robinsonismo, isto é, das aventuras. [...]
> Dos 13 aos 16 anos, inicia-se a fase do *realismo*, a fase da adolescência. Esta fase, mais capacitada, conjuga os 3 elementos, fundindo as 3 características psicológicas: *drama, ação* e *realismo*. É o predomínio da novela sentimental, em que encontramos todas as emoções. (Carvalho, 1959, p.68-9)

A partir da conceituação da "literatura recreativa" e a sua diferenciação em relação à "literatura didática", Bárbara V. de Carvalho (1959; 1961b; s.d.[d]) apresenta os requisitos e finalidades da literatura infantil.

Os requisitos necessários em um livro de literatura infantil, segundo Bárbara V. de Carvalho (1959; 1961b; s.d.[d]), são: moral; pedagógico; psicológico; e material. O requisito moral está relacionado ao fato de o livro "despertar" valores positivos nas crianças. O requisito pedagó-

98 FERNANDO RODRIGUES DE OLIVEIRA

gico está relacionado à adequação, à capacidade de leitura da criança e também ao seu interesse. O requisito psicológico diz respeito à adequação da leitura ao desenvolvimento psicológico e "evolução mental" da criança. Por fim, o requisito material está relacionado ao formato, encadernação e tipo de papel que deve ter o livro. Para crianças de até sete anos, os livros devem ser maiores, com encadernação de fácil manejo, o papel não pode ser transparente ou com brilho e deve conter várias ilustrações. No caso dos livros para crianças com mais de 12 anos, há apenas a ressalva de que as ilustrações devem ser "discretas e sóbrias", pois isso agrada aos adultos (Carvalho, 1959; 1961b; s.d.[d]).

Em relação às finalidades do livro de literatura infantil, para Bárbara V. de Carvalho (1959; 1961b; s.d.[d]), são: didáticas; psicológicas; sociais; e morais.

As finalidades didáticas são as de "fixar conhecimentos já adquiridos e transmitir novos conhecimentos à criança" (Carvalho, 1959, p.89). As finalidades psicológicas são as que "visam à formação da conduta ou caráter, através da evolução do senso estético, não só em relação aos valores literários, mas também a todos os demais valores humanos" (ibidem, p.90). As finalidades sociais são as que "despertam" na criança a necessidade de relações humanas, de "interdependência entre as criaturas, nas suas atividades, nas suas profissões, no auxílio mútuo, na compreensão, em tudo isto que comunica os homens entre si" (ibidem, p.92). As finalidades morais são as que "despertam" os "bons sentimentos" e ressaltam a boa conduta das crianças.

Como mencionei, Bárbara V. de Carvalho (1959; 1961b; s.d.[d]), no penúltimo capítulo de seu compêndio, transcreve um texto de Lenyra Fraccaroli que contém orientações relacionadas à organização da Biblioteca Infantil "Monteiro Lobato, de São Paulo e, no último capítulo, ela apresenta sugestões para que o professorando possa organizar o seu programa de ensino e desenvolver trabalho com a literatura infantil na escola primária.

Dentre essas sugestões, destaco a seguinte: "*Biografias* – Adapte às crianças algumas biografias: Lobato; Rui Barbosa; João Köpke; Artur Joviano; Anchieta; Tiradentes, etc. Proporcione entrevistas com autores vivos: Francisco Marins, Malta Talhan, etc." (Carvalho, 1959, p.138).

A circulação[1]

Com base nos exemplares que tive acesso e que utilizei como fonte da pesquisa de que resultou este livro, *Compêndio de literatura infantil* além de ter circulado, presumivelmente, em escolas da capital do estado de São Paulo, também circulou em cidades do interior.

Em um dos exemplares que tive acesso, consta marca de carimbo de uma livraria representante do Ibep, na cidade paulista de Presidente Prudente (SP), responsável pela comercialização e distribuição, dentre outros, de *Compêndio de literatura infantil* nessa cidade.

Embora não tenha dados precisos de que esse compêndio foi utilizado em cursos de formação de professores da cidade de Presidente Prudente, presumo que pelo fato de haver uma livraria responsável por sua comercialização e distribuição nessa cidade seja indicativo de sua utilização pelos professorandos desses cursos.

Também por meio de consulta ao acervo da Biblioteca Municipal da cidade de Tupã (SP), tive acesso a outro exemplar de *Compêndio de literatura infantil* que contém marcas que permitem afirmar que foi ele utilizado no curso normal oferecido no Instituto de Educação dessa cidade. Na página de rosto desse exemplar, consta a informação de que ele foi doado por Ovídio Geromini, ex-professor do Instituto de Educação da cidade de Tupã.

Outra cidade do interior do estado de São Paulo que presumo que *Compêndio de literatura infantil* tenha circulado é a cidade de Olímpia (SP). Em carta manuscrita emitida por uma professora da Escola Normal dessa cidade, consta a seguinte informação:

Olímpia, 9 de maio de 1959.

Prezada,
Profa Bárbara Vasconcelos de Carvalho

---

1 Para pensar os aspectos relativos à circulação de *Compêndio de literatura infantil*, tomei como base, especialmente, os exemplares a que tive acesso e documentos que localizei, nos quais há informações que indicam que esse compêndio foi utilizado em algumas cidades brasileiras.

Foi com satisfação e interesse que lemos, ontem a carta de V. Sa., endereçada à nossa Escola Normal pela Companhia Editora Nacional, que comunicava a nós, professores de português do curso normal, a publicação do seu livro "Compêndio de Literatura Infantil".

Sem dúvida, todos os professores desse curso necessitam de obras de tal gênero e esperamos ser esta que V. Sa. Publicou uma daquelas que nos devem nortear. Por fim, resolve-nos o sério problema de ausência de fontes de informações sobre o assunto, normalmente aos professores do interior, aos quais tudo é mais distante [...]

Sendo nos o responsável pela cadeira de português da Escola Normal [...] "N. S. da Conceição" de Olímpia, desejamos, pois, receber um exemplar da aludida obra, o que esperamos seja feito através do serviço de reembolso [...]. (Olimpia, 1959)

Por meio dessa carta manuscrita, é possível presumir, além da circulação de *Compêndio de literatura infantil* entre professorandos da cidade de Olímpia, uma das políticas de divulgação da Companhia Editora Nacional dos livros que publicava – o envio de cartas a determinado público com informe da publicação de livros de seu possível interesse. Além disso, assim como os professores da Escola Normal "N. S. da Conceição", de Olímpia, receberam carta da Companhia Editora Nacional, divulgando a publicação de *Compêndio de literatura infantil*, é possível que outros professores de outras escolas normais ou Institutos de Educação do estado de São Paulo tenham recebido documento semelhante.

Além dessas informações que indicam a circulação de *Compêndio de literatura infantil* em cidades do interior do estado de São Paulo, pelo fato de haver exemplares de *Compêndio de literatura infantil* em acervos de São Paulo e Campinas, penso também ser indicativo de que ele circulou entre os professorandos de cursos normais dessas cidades.

Embora *Compêndio de literatura infantil* tenha sido escrito de acordo com o programa oficial dos cursos normais do estado de São Paulo, é possível afirmar que ele circulou, também em outros estados, pois localizei documentos e exemplares que indicam a sua circulação nos seguintes estados: Paraná, Minas Gerais e Bahia.

No caso da circulação no Paraná, é possível fazer essa firmação, porque um dos exemplares da segunda edição, ao qual tive acesso, pertenceu à normalista Aldérica Bueno de Oliveira, do Instituto de Educação do Paraná, localizado na cidade de Curitiba (PR).

No caso da circulação em Minas Gerais, localizei, no jornal *Diário Mercantil*, de Juiz de Fora (MG), nota sobre a publicação da segunda edição de *Compêndio de literatura infantil*. Essa nota foi escrita por Dormevilly Nóbrega, diretora da Câmara Municipal de Juiz de Fora, que afirma:

> "COMPÊNDIO DE LITERATURA INFANTIL", de Bárbara Vasconcelos de Carvalho (Edições LEIA, Rua Xavier de Toledo, 103 – São Paulo, 1961) – Livro didático, destinado ao 3°. ano normal, segundo o programa oficial, recebemos e o deixamos de lado, sem lhe dar a devida importância que merece. A curiosidade levou-nos a folhear o "Compêndio". Bendita curiosidade! A ela devemos a surpresa do encontro de uma obra construída com alma de apaixonada, singela, mas vigorosa, trabalho que nos faz esquecer o sentido didático, pelo estilo e pelas qualidades literárias da autora. (Nóbrega, 1961, s.p.)

No caso da Bahia, em carta enviada por Denise Fernandes Tavares à Bárbara V. de Carvalho, ela menciona que, embora *Compêndio de literatura infantil* não estivesse disponível, à época, nas livrarias de Salvador, ela solicitou, para um livreiro de São Paulo, 50 exemplares para deixar disponível na Biblioteca Infantil "Monteiro Lobato", de Salvador, presumivelmente, para utilização em cursos sobre literatura infantil destinados aos professores e aos professorandos dessa cidade, pois essa informação consta na carta que Denise Tavares enviou para Bárbara V. de Carvalho, para convidá-la a ministrar um curso sobre literatura infantil para esse público, em 1961.

Sobre a tiragem das diferentes edições de *Compêndio de literatura infantil*, até o momento de redação final deste livro, não localizei informações precisas, apenas localizei informações que permitem inferir que a terceira edição desse compêndio teve várias reimpressões, pois, em um artigo publicado no *Jornal da Bahia*, em nove de junho de 1975, consta a seguinte informação: "Bárbara Vasconcelos de Carvalho, autora de livro de história e crítica sobre o assunto, 'Compêndio de Literatura Infantil', já com 12 edições esgotadas".

Como informei, com o desenvolvimento da pesquisa, pude concluir que esse compêndio teve apenas três edições, sendo, portanto, as "12 edições" mencionadas nesse artigo, possivelmente, 12 reimpressões, pois, como também informei, localizei exemplares da terceira edição com capas diferentes.

4
Os demais textos *SOBRE* LITERATURA INFANTIL DE **Bárbara V.** DE **Carvalho** E RELAÇÃO COM *COMPÊNDIO DE LITERATURA INFANTIL*

A produção de Bárbara V. de Carvalho *sobre* literatura infantil

Embora Bárbara V. de Carvalho tivesse tido publicados alguns textos entre os anos 1955 e 1956, no ano 1957 ela teve publicado o seu primeiro texto *sobre* literatura infantil, e a publicação desse artigo se deve ao fato de que, nos anos finais da década de 1950, por ocasião da reforma dos programas dos Cursos Normais do estado de São Paulo e a instituição da literatura infantil como disciplina nesses cursos, tornou-se oportuno discutir os problemas inerentes ao ensino da literatura infantil, e, pelo fato de Bárbara V. de Carvalho ter feito parte da equipe que participou da reformação desses programas, ela representava importante contribuição para essa discussão.

Nesse artigo de 1957, "A literatura infantil na Escola Normal", considerando que a instituição da literatura infantil como disciplina dos cursos normais no estado de São Paulo é o preenchimento de uma lacuna na formação do professor primário, Bárbara V. de Carvalho (1957, p.19) inicia seu texto alertando os professores de que:

> • Agora, o necessário é que não fiquemos, os professores de Português, a fazer da literatura infantil uma Hidra de lema: como dar a matéria, onde encontrar livros, de que modo desenvolvê-la?...

104 FERNANDO RODRIGUES DE OLIVEIRA

Não vamos fazer como se faz com as literaturas portuguesa e brasileira, no curso de colégio, onde, na maioria dos casos, se transforma literatura em História literária, num estudo cansativo e monótono de datas, enumeração de obras, minudências biográficas, que em nada contribuem para o verdadeiro estudo da literatura.

A partir desse alerta, ela afirma que o ensino da literatura infantil deve centrar-se na análise crítica e literária do texto, que busca situar o autor e sua obra no tempo, tentando entender as influências recebidas por ele, das correntes filosóficas e estéticas e do pensamento político social de seu momento histórico. E, para isso, Bárbara V. de Carvalho (1957) afirma que não vê motivo para a preocupação com "tratados infantis", para ministrar aulas de literatura infantil. Segundo ela:

É natural que o professor procure ter sua bibliografia sobre o assunto, para algumas aulas que exigem determinados conhecimentos históricos, biográficos, críticos, etc.. E isto, não é tão difícil, embora sejamos de uma lamentável pobreza no assunto, pois qualquer professor, de formação universitária, terá ao seu alcance livros em francês e espanhol, línguas incontestavelmente acessíveis ao professor de português. (ibidem, p.19)

Ainda segundo Bárbara V. de Carvalho (1957), o ensino da literatura infantil, apesar de todas as dificuldades, justifica-se porque é o meio de educação mais completo e, mais do que as demais disciplinas do curso normal,

[...] oferece uma belíssima e inesgotável motivação para os trabalhos [...], [pois] as histórias infantis recreiam, encantam, educam, alimentam o espírito, orientam o sentido crítico, despertam o sentimento artístico e moral, disciplinam a atenção e formam o hábito de leitura. (ibidem, p.19)

Depois de 14 anos da publicação da primeira edição de *Compêndio de literatura infantil*, no ano de 1973, Bárbara V. de Carvalho teve publicado *Literatura infantil*: estudos, o qual consiste na reformulação e ampliação desse compêndio.

Mesmo sendo *Literatura infantil*: estudos uma reformulação de *Compêndio de literatura infantil*, nele não há características nem informações que indicam que se trata de um livro destinado ao uso dos alunos dos cursos de formação de professores primários, mas nele há trechos e até mesmo capítulos idênticos aos de *Compêndio de literatura infantil*.

Todos os temas abordados em *Compêndio de literatura infantil* também são abordados em *Literatura infantil*: estudo, porém, esses temas são ampliados e detalhados, haja vista que esse livro foi publicado com 382 páginas, divididas em 28 capítulos, e com formato maior – 14 cm x 20 cm – do que os das três edições de *Compêndio de literatura infantil*.

Figura 4 – Capa de *Literatura infantil*: estudos.

Fonte: Acervo do Gphellb

Em *Literatura infantil*: estudo, Bárbara V. de Carvalho (1973a, p.48) define a literatura infantil como:

> todo acervo literário eleito pela criança: tudo aquilo que, depois de sua aceitação, se fixou e se imortalizou através dela. E com isso queremos dizer que "Literatura Infantil" é uma fórmula ou uma forma sintética, que devemos precisar denominando – *Literatura da criança*. Literatura infantil é, portanto, aquela que se pretende endereçar à criança... mas que nem sempre ela a elege; acontecendo, não raro, o contrário.

A partir dessa definição, a autora afirma que o que caracteriza a literatura infantil são os requisitos psicológicos e literários que esses textos contêm, os quais são destinados a satisfazer e agradar as crianças, dentro do seu interesse, ou seja, dentro daquilo que é adequado e que as agradam de acordo com três "fases básicas de sua evolução" (ibidem).

Por meio dessa caracterização, Bárbara V. de Carvalho (1973a) também faz ressalva sobre distinção entre "literatura didática" e "literatura recreativa". A "literatura didática" é a que se propõe "informar, ministrar conhecimentos sistematizados, e pode ser classificada em *livros escolares e livros não escolares*, porém de conteúdo instrutivo, livros de vulgarização de conhecimentos generalizados" (ibidem, p.151). A "literatura recreativa", por sua vez, é a que forma e desenvolve o gosto e o hábito da leitura, disciplina a atenção, estimula a inteligência e memória, cultiva a imaginação, desperta o interesse pela sociedade humana, vivifica o espírito e aperfeiçoa o caráter (ibidem). É, portanto, esse material "recreativo" que Bárbara V. de Carvalho (1973a) considera ser a literatura infantil.

Além de apresentar o que compreende por literatura infantil e alguns dos aspectos que a caracteriza, Bárbara V. de Carvalho também apresenta: dados de escritores do século XVII, XVIII e XIX; características da poesia, do teatro, do conto, da fábula e da revista em quadrinho; e aborda dois assuntos que, até então, não haviam sido abordado em seus textos *sobre* literatura infantil: a técnica da ilustração e o brinquedo.

Em relação à técnica de ilustração, presumo que Bárbara V. de Carvalho se utiliza de um texto de Anna Maria Smith Pimentel, pois, ao final do capítulo no qual ela aborda esse assunto, há o nome dessa autora, como se o texto fosse de sua autoria na íntegra, ou, pelo menos, parte dele.

Um aspecto que merece destaque em *Literatura infantil*: estudos e que não foi abordado por Bárbara V. de Carvalho, nem no artigo de 1957 nem em *Compêndio de literatura infantil*, é o das contribuições da psicanálise e da simbologia dos contos de fadas.

Segundo ela, a psicanálise "desvenda":

[...] os "mistérios", e os segredos da alma humana, através de símbolos míticos, devassando o universo interior, descobrindo fórmulas e formulando teses [...] [e se] o mito repousa na Psicanálise, a Literatura infantil, que tem suas raízes na mitografia, sendo portando, uma forma estilizada do mito, reflete essas implicações. (ibidem, p.77-8)

No caso das "vinculações" entre literatura infantil e psicanálise, com base em Loeffler-Delachaux,[1] Bárbara V. de Carvalho afirma que os símbolos, sobretudo os dos contos de fadas, "revelam o inconsciente, e o inconsciente tem grande importância em nosso psiquismo, na dualidade da alma humana, em suas inquietudes, angústia e insatisfação, de um lado, e de outro lado, em seus prazeres e satisfações [...]" (ibidem, p.80).

Dentre os símbolos analisados sob a perspectiva psicanalítica e que ela apresenta, têm-se, por exemplo, as grutas e cavernas, que, "segundo Freud, são símbolos dos órgãos genitais femininos, onde se realiza o mistério da fecundação" (ibidem, p.82); e o peixe, que: "Para Rank, [...] é símbolo fálico, assim como os *pássaros*, [...] como o refrão: 'não me coma, não!' E é comido; depois sai vivo, pelo ânus; ou depois quem o comeu cai morto: motivo da punição" (ibidem, p.83).

Para Bárbara V. de Carvalho (1973a) a importância dos estudos da psicanálise para a literatura infantil se deve porque a literatura "é uma necessidade superior, e, por vezes, inconsciente, de buscar soluções ou de libertar-se, através de um esforço interior [...] Então, a teoria psicanalítica aí está, provando que a criação artística é expressão da vida emocional do homem" (ibidem, p.96).

Após a publicação de *Literatura infantil*: estudos e, em decorrência de sua atuação no estudo e ensino da literatura infantil e também por ter atuado junto a Secretaria de Estado dos Negócios da Educação, em São Paulo, Bárbara V. de Carvalho passou a conceder entrevistas sobre literatura infantil para jornais de notícias, das quais decorreram publicações de artigos tematizando a literatura infantil.

---

1 O francês Loeffler-Delachaux é autor, dentre outro, de *Le symbolisme des legendes*, livro citado por Carvalho em *Literatura infantil*: estudos, para tratar da relação entre literatura infantil e psicanálise.

No mesmo ano de publicação de *Literatura infantil*: estudos, em 1973, foi publicado o primeiro artigo de jornal, decorrente de entrevista com Bárbara V. de Carvalho. Após a publicação desse, ainda na década de 1970, foram publicados outros quatro artigos.

Na entrevista da qual decorreu o artigo de jornal "Problemas da literatura infantil", publicado no jornal *Folha de S.Paulo*, em 15 de dezembro de 1973, ao tratar do ensino da literatura infantil e também das ações que pretendia o grupo de professoras do Celiju, Bárbara V. de Carvalho afirma que o professor primário e secundário não está "bem-aparelhado" para orientar seus alunos em relação à leitura de livros de literatura, por esse motivo, os integrantes do Celiju desejam que seja criada uma cadeira específica para o ensino da literatura infantil nos cursos de formação de professores no estado de São Paulo, independente da cadeira de língua portuguesa e linguagem.

No artigo "Literatura Infantil, essa desconhecida", publicado no *Jornal da Bahia*, em 9 de junho de 1975, Bárbara V. de Carvalho afirma que a literatura infantil brasileira "está aquém do que se pode desejar para um país civilizado" (Literatura infantil, 1975a, s.p.), pois ela é a base da formação da criança e o que desperta o universo infantil existente nos seres humanos.

Ainda no ano de 1975, no artigo "O novo conceito de livro infantil: menos fantasia e mais informação", publicado no jornal *FM*, em Porto Alegre, em 10 de setembro, Bárbara V. de Carvalho afirma "lutar" por um "[...] levantamento da literatura infantil no Brasil" (O novo conceito..., 1975, p.35), pois a:

[...] professorinha lá do interior, se quer dar literatura infantil para os seus alunos não pode escolher, porque vai encontrar quase que só histórias de crianças burguesas urbanas. Mas a criança de lá precisa é ler coisas sobre a realidade que é sua. Deve conhecê-la primeiro. Acho que aí existe uma marginalização de assuntos essenciais.

Além disso, ainda na entrevista concedida ao jornal *FM*, Bárbara V. de Carvalho afirma ser necessário pensar a produção de uma literatura infantil que trata da realidade do Brasil, pois, o que se tem, são escritores que evitam as fadas, mas:

> [...] sempre apresentando "gente gorda, saudável, rosada, loira e de olhos azuis". Sempre os heróis são gente da classe média que tem o seu carro. Nunca aparece um herói pobre realmente e, se aparece, a personagem é secundária [...] E acho que a literatura infantil é muito segregacionista – não tem quase negros nas histórias. E nós não somos um povo todo de gente loira e de olhos claros. Isso é realidade da Inglaterra ou da Holanda. (ibidem)

No artigo "Educadora denuncia máfia na literatura infantil", de 30 de abril de 1976, do jornal *A Tarde*, de Salvador, Bárbara V. de Carvalho (Educadora denuncia..., 1976) afirma discordar do ponto de vista apresentado pela pesquisadora Fulvia Rosemberg,[2] que afirma que os escritores brasileiros vinculam preconceitos sociais em seus livros. Para Bárbara V. de Carvalho, à época, a literatura infantil brasileira apresentava traços de atualização e tinha procurado se conscientizar dos diferentes credos e níveis sociais que envolvem as crianças, além disso, para ela, o que se defende como literatura infantil realista é o que corresponde aos livros que violentam os leitores por meio do reforço de comportamentos socialmente inadequados (ibidem).

Na entrevista publicada, em 1978, no jornal *Folha da Tarde*, Bárbara V. de Carvalho (Sonho..., 1978, p.34) afirma que "o sonho virou pesadelo na literatura infantil", pois falta conhecimento de pais e professores na "disciplinarização" das crianças, no que diz respeito à leitura, além de a literatura infantil não ter desenvolvido, à época, na criança, a formação intelectual, porque "uma série de fatores sufocantes de outros meios de divulgação, como televisão e suas revistas em quadrinhos, a impedem" (ibidem).

Ainda nessa entrevista, Bárbara V. de Carvalho afirma que, depois de vinte anos estudando a literatura infantil, ela observa a falta de leveza, estilo simples e linguagem viva e agradável em contraposição

---

2 Os resultados dessa pesquisa foram publicados no livro de Rosemberg (1985).

ao surgimento de livros que "apelam" para palavrões, o que consiste no desrespeito às crianças (ibidem).

No início da década de 1980, depois da publicação desses artigos nos quais constam trechos de entrevista de Bárbara V. de Carvalho, assim como ocorreu com a publicação de *Literatura infantil*: estudos, em 1973, a publicação de *A literatura infantil*: visão histórica e crítica, em 1982, decorreu da reformulação de *Literatura infantil*: estudos, e, por isso, sua publicação iniciou-se na segunda edição.

Por ter sido *A literatura infantil*: visão histórica e crítica reformulado e publicado com título diferente do livro que constituiu a sua origem, o considerei como um novo livro e não apenas como segunda edição de *Literatura infantil*: estudos.

Além disso, *A literatura infantil*: visão histórica e crítica, publicado pela Edart em 1982, sob o formato 14 cm x 21 cm, e com 312 páginas, organizadas em 25 capítulos, apresenta diferenças importantes em seu conteúdo, em relação ao livro *Literatura infantil*: estudos.

Figura 5 – Capa de *A literatura infantil*: visão histórica e crítica.

Fonte: Acervo do Gphellb.

Embora o sumário de *A literatura infantil*: visão histórica e crítica possa indicar que esse livro teve apenas pequenas reformulações em relação ao livro que lhe deu origem, ao ler o seu conteúdo pude identificar que nos capítulos cujos títulos são iguais nos dois livros houve, no caso de *A literatura infantil*: visão histórica e crítica, ampliações e reformulações significativas. Exemplo disso são os capítulos em que Bárbara V. de Carvalho (1982) aborda aspectos da história da literatura infantil na Europa e no Brasil, nos quais ela deixa de apresentar aspectos mais relacionados à biografia dos escritores e apresenta dados relacionados ao momento histórico dos séculos XVII, XVIII e XIX e considerações sobre a obra dos escritores desses séculos.

Em relação à concepção de literatura infantil apresentada por Bárbara V. de Carvalho (1982) em *A literatura infantil*: visão histórica e crítica, ela está relacionada ao entendimento de que, como toda arte, a literatura infantil é antes de tudo recreação, jogo lúdico e, por isso, imprescindível na formação escolarizada da criança.

Nas suas várias formas de manifestação, a literatura infantil, para Bárbara V. de Carvalho (1982, p.174), é:

> [...] notável o agente terapêutico e um eficiente elemento para diagnóstico de complexos e neuroses infantis, considerando-se que ela [literatura infantil] representa uma ação catalisadora no descobrimento das causas dos conflitos da criança, segundo depoimentos de autoridades no assunto, nos quais fundamentamos nossos argumentos no campo extraliterário.

Além disso, para ela a literatura infantil é a mais importante forma de recreação da criança, pois permite a manipulação da linguagem e é fonte de riqueza de motivações, de sugestões e de recursos para o desenvolvimento da criança; é suporte de cultura e é um instrumento de diálogo entre a criança e o adulto (ibidem).

Apesar da importância da literatura infantil, Bárbara V. de Carvalho (1982) chama a atenção para alguns problemas com os quais concorrem a literatura infantil no contexto histórico da década de 1980. Segundo ela,

> [...] a época que atravessamos revela uma assustadora crise de leitura, ou melhor, da boa leitura, entre as crianças e jovens, por motivos óbvios: a

112 FERNANDO RODRIGUES DE OLIVEIRA

ignorância dos pais que, muitas vezes, mesmo freqüentando um alto nível social não são sensíveis a certos valores; o pragmatismo imediatista que a criança imita inconscientemente; a supervalorização da tecnologia; o condicionamento aos programas de televisão [...]; a explosão inflacionária das revistas em quadrinhos e a sobrecarga imagística que o adulto, num alheamento de perspectiva crítica, despeja sobre a criança [...]. (ibidem, p.172)

Além desses problemas contextuais, Bárbara V. de Carvalho (1982) aponta outro problema que surge no "cenário" da produção de livros para crianças: o aparecimento da literatura realista. Para Bárbara V. de Carvalho (1982), embora a literatura realista tenha assumido o compromisso de denúncia social, ela consiste na:

> [...] defasagem que torna inócua à criança, caracteriza-se pela exploração indébita de temas e cenas que nada dizem à infância, de situações que ferem o bom gosto e o mais tolerante sendo estético, de palavrões e de sensacionalismo vulgar, agredindo a criança violentando o seu desenvolvimento natural. (ibidem, p.175)

Pelo exposto, Bárbara V. de Carvalho (1982) entende que a literatura infantil não constitui apenas um acervo a ser oferecido para a criança de forma aleatória, é necessário o desenvolvimento de atividade que requer conhecimento teórico, metodológico e crítico, a qual possibilita conhecer esse acervo e permite a conscientização dos que o oferecem à criança.

Um dos conhecimentos necessários para essa "manipulação" do acervo de literatura infantil, segundo ela, é o entendimento das especificidades das faixas etárias, tendo como base a compreensão do desenvolvimento do jogo e das características do desenvolvimento psicológico da criança.

Com base, sobretudo, na psicologia piagetiana, Bárbara V. de Carvalho (1982) aponta que a criança passa a desenvolver o jogo antes de um ano de idade e essa é a fase dos "jogos sensoriais", caracterizada pela manipulação de objetos. A partir de um ano de idade, a criança desenvolve o "jogo motor", que se caracteriza pelo movimento e utilização de gestos. Com o aparecimento da função simbólica da linguagem, a criança desenvolve o "jogo de ficção", momento esse em que ela passa a se interessar pelo "faz-de-conta". A partir dos oito anos de idade, a criança desenvolve o "jogo de construção ou fabricação", que se caracteriza pela preocupação com os mecanismos dos objetos, sua fabricação. Conjuntamente com o "jogo de ficção", a partir dos oito anos de idade, a criança também desenvolve o "jogo de aquisição", que se caracteriza pela abertura da criança em compreender o mundo no qual vive. A partir dos dez anos de idade, a criança desenvolve o "jogo intelectual", que se caracteriza por ser o estágio em que ela adquire capacidade de discernimento, racionalização e reflexão (ibidem).

A partir desse "esquema" do desenvolvimento do jogo na criança, a autora considera ser necessário adequar os livros que são destinados à sua leitura, de acordo com as especificidades de cada fase, sobretudo do interesse que a criança demonstra em cada uma delas.

Outro conhecimento considerado necessário por ela para a "manipulação" do acervo de literatura infantil é o conhecimento dos requisitos dessa literatura. Diferentemente dos requisitos que ela apresenta serem necessários nos seus textos *sobre* literatura infantil anteriores, em *A literatura infantil*: visão histórica e crítica, Bárbara V. de Carvalho (1982) considera que os requisitos necessários são: a linguagem, que deve ser viva, correta, simples e sensorial; o estilo, que consiste na expressividade, harmonia, movimento, ritmo e sonoridade; o conteúdo, que deve ter uma ideia central, desenvolvida por meio de cenas dinâmicas de ação, com diálogos, dramaticidade e suspense e as personagens devem ser veículo de "mensagens"; e a técnica da leitura, que consiste na eliminação das dificuldades das crianças, na leitura expressiva e interpretativa, na análise da ação e caráter do herói, na exploração da dramatização, na contextualização do livro no tempo e no espaço e na ênfase das "mensagens" contidas nos livros, porém, se especificá-las (ibidem).

Apesar de todos os livros de literatura infantil terem que atender a esses requisitos, segundo Bárbara V. de Carvalho (1982, p.202):

[...] em se tratando de literatura infantil, esses fatos não podem ser estudados em seus valores absolutos, mas nesses valores em função das diferentes faixas etárias e interesses, obedecendo a uma adequação que, não raro, especifica muitos dos requisitos da forma, do conteúdo, da estrutura e da técnica de leitura.

É a partir da compreensão desses requisitos da literatura infantil que Bárbara V. de Carvalho (1982) compreende que esse gênero literário propicia o prazer estético ao leitor e está "comprometida" com a educação, com a "experiência cognitiva".

O "novo" "velho" discurso

Como mencionei, Bárbara V. de Carvalho iniciou o seu discurso *sobre* literatura infantil com a publicação do artigo "A literatura infantil na escola Normal", em 1957, e mesmo afirmando nesse artigo que não via motivos para os professores se preocuparem com a inexistência de "tratados" sobre o assunto, no ano de 1959, após participar da equipe que reformulou o programa de língua portuguesa dos cursos normais (Carvalho, 2010) e passar a ser procurada por professores para explicar como deveria ser o ensino da literatura infantil, Bárbara V. de Carvalho escreveu e teve publicado *Compêndio de literatura infantil*.

Ao ler o conteúdo dos textos *sobre* literatura infantil de Bárbara V. de Carvalho, comparativamente a *Compêndio de literatura infantil*, é possível compreender que essa autora, na medida em que reformulou o seu compêndio para a publicação de *Literatura infantil*: estudos (1973) e reformulou esse livro para a publicação de *A literatura infantil*: visão histórica e crítica (1982), ela incorporou aos seus textos alguns dos discursos teóricos que se disseminaram no Brasil ao longo do século XX.

Um exemplo disso é o que ocorre no livro publicado em 1973, no qual ela incorpora a discussão psicanalítica sobre a simbologia dos contos de fadas para explicar a importância da literatura infantil na formação da criança, e também como ocorre no livro publicado em 1982, no qual ela utiliza a noção de desenvolvimento do jogo, do biólogo de formação Jean Piaget, para explicar a necessidade de adequação dos livros ao desenvolvimento cognitivo da criança. Também nas entrevistas que Bárbara V. de Carvalho concedeu a jornais de notícias, durante a década de 1970, e das quais decorreram a publicação de artigos, é possível observar que, embora o seu discurso esteja em sintonia com sua concepção de literatura infantil contida em *Compêndio de literatura infantil*, ela aborda questões como, a ênfase de modelos burgueses na produção de literatura infantil, em detrimento da representação da "verdadeira realidade" da criança brasileira, e a chamada literatura realista, que, segundo ela, é a maior violência contra a criança.

Sobre essa crítica à representação de modelos burgueses na literatura infantil, que Bárbara V. de Carvalho trata em uma de suas entrevistas, destaco que, embora ela apresente essa concepção, em outra entrevista ela afirma discordar da pesquisadora Fúlvia Rosemberg, que defende a ideia de serem os livros de literatura infantil veículo de disseminação de preconceitos e da ideologia burguesa.

Presumo que as incorporações feitas por ela ao seu discurso *sobre* literatura infantil e abordagem de temas específicos de um determinado momento histórico da produção de literatura infantil, como é o caso da crítica à produção literária infantil das décadas de 1970 e 1980, estejam relacionadas diretamente ao intuito dessa autora de produzir um discurso em sintonia com o seu momento histórico e com as aspirações teóricas que foram se tornando referência na produção científica brasileira.

Apesar dessas modificações e incorporações que ocorrem nos textos *sobre* literatura infantil de Bárbara V. de Carvalho, a concepção de literatura infantil contida em *Compêndio de literatura infantil* não se altera nos seus textos posteriores.

Essa concepção de literatura infantil que não se altera em seus textos consiste na compreensão de que esse gênero literário é o principal instrumento de formação lúdica e agradável da criança, ou seja, a de que os aspectos estéticos e literários relacionados aos aspectos educacionais, psicológicos e morais concorrem na formação do espírito, da personalidade e do caráter da criança, ou seja, o "Belo" está a serviço do "Bem".

Considero que essa concepção de literatura infantil que não se altera no pensamento de Bárbara V. de Carvalho está contida em *Compêndio de literatura infantil* porque, mesmo ela tendo tido publicado um artigo no ano de 1957, no qual trata da função formativa da literatura infantil, somente em seu compêndio é que ela aprofunda e desenvolve algumas questões que constituem sua concepção. Além disso, pelo exposto, os demais livros de Bárbara V. de Carvalho nada mais são do que versões atualizadas, revistas e ampliadas de *Compêndio de literatura infantil*.

Mesmo no caso de *A literatura infantil*: visão histórica e crítica, em que ela parece centrar a sua concepção de literatura infantil mais no plano dos seus valores estéticos, ou seja, como Arte, e parece minimizar o discurso que, até então, era recorrente em seus textos *sobre* literatura infantil, o do aspecto moralizador e educativo da literatura infantil, ainda permanece a concepção de que a literatura está a serviço da formação da criança.

Assim, considero que em *Compêndio de literatura infantil* está contida a base do pensamento *sobre* literatura infantil de Bárbara V. de Carvalho e também a matriz de seu pensamento, que sustenta não só a sua produção *sobre* literatura infantil, mas também a sua produção *de* literatura infantil.

5
O CONTEXTO HISTÓRICO DA FORMAÇÃO DE PROFESSORES PRIMÁRIOS NO ESTADO DE SÃO PAULO

Formação de professores na primeira metade do século XX

Com a instauração do novo regime político no Brasil – a República –, em 1889, a escola tornou-se

> [...] emblema da instauração da nova ordem, o sinal da diferença que se pretendia instituir entre passado de trevas, obscurantismo e opressão, e um futuro luminoso em que o saber e a cidadania se entrelaçariam trazendo Progresso. Como signo da instauração da nova ordem, a escola devia fazer ver. (Carvalho, 1989, p.23)

A partir desse "imaginário" de tornar a escola "arma para o Progresso" (ibidem), no caso do estado de São Paulo, ocorreu, dentre outras, a reforma da Escola Normal por meio do Decreto n.27, de 12 de março de 1890, que estabeleceu, especialmente: novo conjunto de matérias para a Escola Normal; novo conjunto de cadeiras; duração de três anos do curso normal; nova distribuição das matérias ao longo dos três anos do curso; e converteu as Escolas Modelos em Escolas anexas.

A justificativa para a reforma da Escola Normal de São Paulo foi a de que "sem professores bem-preparados, praticamente instruídos nos

118 FERNANDO RODRIGUES DE OLIVEIRA

modernos processos pedagógicos e com cabedal scientífico adequado às necessidades da vida actual, o ensino não pode ser regenerador e eficaz" (São Paulo, 1938, p.30). Além disso, "a Escola Normal do Estado não satisfaz as exigências do tirocínio magistral a que se destina, por insufficiencia do seu programma de estudos e pela carencia de preparo prático dos seus alunmos" (ibidem).

De acordo com Saviani (2009), a partir dessa reforma da Escola Normal de São Paulo, em 1890, foi fixado um padrão de organização e funcionamento das Escolas Normais no Brasil, pois, como aponta Tanuri (2000), essa reforma serviu de modelo para que outros estados, como Mato Grosso, Espírito Santo, Santa Catarina, Sergipe, Alagoas, Ceará e Goiás, reorganizassem os seus sistemas educacionais.

Apesar de todas as ações para transformar a educação, em especial os cursos normais, durante o regime republicano, a partir da década de 1920, "na avaliação da República instituída, feita por intelectuais que se propõem a *pensar* o Brasil, a política republicana é acusada de ter relegado ao abandono 'milhões de analfabetos de letras e de ofícios', toda uma massa popular, núcleo da nacionalidade" (Carvalho, 1989, p.7, grifo da autora).

O "espírito republicano", formado no fim do Império,

[...] se arrefecera gradualmente durante as três primeiras décadas da implantação do novo regime. A República idealizada teve que sofrer amputações para se ajustar às condições objetivas da existência social brasileira dos primeiros trinta anos. Dessa maneira, da República teoricamente construída, de acordo com determinados níveis de aspiração, restou a República possível, realizada sob a orientação e a pressão das forças sociais mais ponderáveis da situação histórico-social do período. Daí o desânimo, mais que o desânimo, as desilusões e as frustrações que dominaram a mentalidade dos homens públicos, dos pensadores, dos intelectuais e dos educadores que viveram durante a Primeira República até cerca de 1920. (Nagle, 1976, p.100-1)

Mesmo com todas as modificações no "plano formal-jurídico" para consolidar o projeto educacional idealizado pelo "espírito republicano", o novo regime não trouxe alterações significativas para a instrução pública (Tanuri, 2000), e, no caso dos cursos de formação de professores, chegaram "ao final da Primeira República com cursos híbridos, que ofereciam, ao lado de um exíguo currículo profissional, um ensino de humanidades e ciências quantitativamente mais significativo" (ibidem, p.72).

De acordo com Nagle (1976, p.101), durante a década de 1920, das próprias desilusões e frustrações do regime republicano, "se libertam as energias acumuladas, que motivam amplo processo de reorientação do pensamento e da atuação".

No âmbito dessa "motivação de reorientação do pensamento", a:

> [...] intelectualidade brasileira nascente durante os anos de 1920, viu na educação um modo de formar as "novas elites" para servir o Estado e, ao mesmo tempo, promover a formação da nacionalidade por intermédio de uma cultura nacional e de uma educação moral sólidas que assegurassem o progresso de nossa civilização, dentro da ordem estabelecida e sem ruptura política. (Pagni, 2000, p.49)

Assim, mediante publicação de artigos em jornais e revistas, inquéritos, debates, cursos, conferências e reformas promovidas em sistemas educacionais de alguns estados, como a reforma da instrução pública no Ceará, um grupo de educadores, dentre eles Fernando de Azevedo, Manoel Bergström Lourenço Filho e Anísio Teixeira, passou a difundir, nesse momento histórico, "ideias pedagógicas renovadoras" que estavam "diretamente relacionadas à necessidade de renovação e inovação intelectuais de uma reforma mais ampla em todos os setores da sociedade brasileira" (Mortatti, 2000b, p.142-3).

> Visando à uma política nacional de educação, mediante a integração e generalização, em nível nacional, de iniciativas estaduais renovadoras, mas regionalmente localizadas, da década de 1920, [...] essa aspiração encontra sua síntese nos princípios da "escola nova", tal como passaram a ser interpretados, divulgados e institucionalizados pelos renovadores e inovadores da época – a partir, sobretudo, d'*O Manifesto dos pioneiros da educação nova* (1932) [...]. (ibidem, p.143)

De acordo com Pagni (2000, p.89), a crítica que se fazia ao tratamento dado à educação durante a Primeira República, "presente no discurso pedagógico dos anos de 1920, é reatualizada no texto original do *Manifesto*, conferindo à educação o mesmo *status* de promotora de reformas sociais mais amplas necessárias à formação social e cultural brasileira".

De acordo com *O manifesto dos pioneiros da educação nova*, redigido por Fernando de Azevedo e assinado por outros 25 educadores,[1] o "conceito e os fundamentos da educação nova" que se propunha, eram:

> [...] uma reação contra as tendências exclusivamente passivas, intelectualistas e verbalistas da escola tradicional, a atividade que está na base de todos os seus trabalhos, é a atividade espontânea, alegre e fecunda, dirigida à satisfação das necessidades do próprio indivíduo. Na verdadeira educação funcional deve estar, pois, sempre presente, como elemento essencial e inerente à sua própria natureza, o problema não só da correspondência entre os graus do ensino e as etapas da evolução intelectual fixadas sobre a base dos interesses, como também da adaptação da atividade educativa às necessidades psicobiológicas do momento. O que distingue da escola tradicional a escola nova, não é, de fato, a predominância dos trabalhos de base manual e corporal, mas a presença, em todas as suas atividades, do fator psicobiológico do interesse, que é a primeira condição de uma atividade espontânea e o estímulo constante ao educando (criança, adolescente ou jovem) a buscar todos os recursos ao seu alcance, "graças à força de atração das necessidades profundamente sentidas". (Azevedo, 2006, p.196)

Lourenço Filho (1978),[2] no livro *Introdução ao estudo da Escola Nova*, apresenta as "bases históricas" da Escola Nova e afirma que, à

---

1 Além de Fernando de Azevedo, redator de *O manifestado da educação nova* (1932), os demais signatários são: Afrânio Peixoto; Antônio de Sampaio Dória; Anísio Spinola Teixeira; Lourenço Filho; Roquette Pinto, Frota Pessôa; Júlio de Mesquita Filho; Raul Brinquet; Mário Casasanta; Delgado de Carvalho; Almeida Jr.; J. P. Fontenelle; Roldão Lopes de Barros; Noemy da Silveira; Hermes Lima; Attílio Vivacqua; Francisco Venâncio Filho; Paulo Maranhão; Cecília Meireles; Edgar Sussekind de Mendonça; Armando Álvaro Alberto, Garcia de Rezende; Nóbrega da Cunha, Paschoal Leme; e Raul Gomes.

2 Utilizo, neste livro, exemplar da 12ª edição, de 1978, do livro *Introdução ao estudo da Escola Nova*, mas a primeira edição desse livro foi publicada em 1930.

sua época, as ideias sobre educação e as práticas de ensino têm apresentado variações intensas e constantes em vários países, por isso,

> [...] muitos educadores então passaram a considerar novos problemas, intentando solvê-los com a aplicação de recentes descobertas relativas ao desenvolvimento da criança. Outros experimentaram variar os procedimentos de ensino, ou logo transformar as normas tradicionais da organização escolar, com isso ensaiando uma *escola nova*, no sentido de escola diferente das que existissem. (Lourenço Filho, 1978, p.17, grifo do autor)

Em relação à denominação "Escola Nova", Lourenço Filho aponta que esse nome

> [...] foi por alguns adotado para caracterização do trabalho em estabelecimentos que dirigiam e, logo também, por agremiações criadas para permuta de informações e propagações dos ideais de reforma escolar. Mais tarde, passou a qualificar reuniões nacionais e internacionais, bem como figurar no título de revistas e séries de publicações consagradas ao assunto. Dessa forma, a expressão *escola nova* adquiriu mais amplo sentido, ligado ao de um tratamento dos problemas da educação, em geral. (ibidem, p.17, grifo do autor)

Assim, para Lourenço Filho (1978, p.17), a Escola Nova, não se refere:

> [...] a um só tipo de escola, ou sistema didático determinado, mas a todo um conjunto de princípios tendentes a rever as formas tradicionais do ensino. Inicialmente, esses princípios derivam de uma nova compreensão de necessidades da infância, inspirada em conclusões de estudos da biologia e da psicologia. Mas alargaram-se depois, relacionando-se com outros muito numerosos, relativos às funções da escola em face de novas exigências, derivadas de mudanças da vida social.

Mediante a disseminação das ideias da Escola Nova, a partir dos anos 1920, as reformas estaduais ocorridas durante a Primeira República no ensino primário e normal passaram a servir como elemento

122 FERNANDO RODRIGUES DE OLIVEIRA

para uma "revisão crítica" dos padrões das escolas normais brasileiras existentes (Tanuri, 2000). "A tentativa de introdução de tais ideias na legislação escolar levou novas e significativas remodelações no âmbito da escola normal, destacando-se a reforma realizada por Anísio Teixeira no Distrito Federal, pelo Decreto 3.810, de 19/3/1932" (ibidem, p.72). Esse Decreto, de 19 de março de 1932, dispõe sobre a transformação e organização da Escola Normal do Distrito Federal em Instituto de Educação, que passou a ser constituído por quatro escolas: Escola de Professores, Escola Secundária, Escola Primária e Jardim de Infância (ibidem). As escolas Secundária, Primária e Jardim de Infância eram utilizadas como atividade de pesquisa e experimentação no âmbito das disciplinas/matérias do curso normal da Escola de Professores (ibidem).

De acordo com Labegalini (2005, p.54-5), movimento semelhante ao do Distrito Federal ocorreu em 1933 no estado de São Paulo, que tomou como modelo o Instituto de Educação do Distrito Federal e:

> [...] visando também a uma organização nova para a formação do magistério primário, foi criado [...] o primeiro instituto de educação no estado de São Paulo, pelo Decreto estadual n°. 5.846, de 21 de fevereiro de 1933, promulgado na "Reforma Fernando de Azevedo", sintetizada no Decreto estadual n°. 5884, de 21 de abril de 1933, o *Código de Educação do Estado de São Paulo.*

Em relação ao Decreto estadual n.5.846, de 21 de fevereiro de 1933, ele foi responsável por "regular" a formação profissional de professores primários, secundários e administradores escolares e transformou o Instituto de Educação "Caetano de Campos" em nível considerado, à época, universitário (ibidem).

Em relação ao *Código de Educação do Estado de São Paulo*,[3] dentre outros aspectos, foi responsável por dar organização própria ao Instituto de Educação "Caetano de Campos", diferente da organização das

---

3 O *Código de Educação do Estado de São Paulo* (Decreto n.5.884, de 21 de fevereiro de 1933) foi responsável pela regulamentação e organização do ensino pré-primário, primário, profissional, secundário e normal do estado de São Paulo. Além disso, esse decreto teve função de coordenar e unificar toda a legislação escolar num único código de educação (São Paulo, 1939).

demais escolas normais do estado de São Paulo (ibidem, p.55). Essas diferenciações se referem às escolas e aos cursos oferecidos na Escola de Professores, que deveria formar professores primários e secundários e oferecer cursos de aperfeiçoamento (ibidem).

Como exemplo das influências das ideias da Escola Nova na organização dos cursos normais em outros estados, no Rio Grande do Norte, de acordo com Araújo et al. (2008), no ano de 1938, a "remodelação" dos cursos normais do Rio Grande do Norte, mediante publicação do Decreto n.411, de 17 de janeiro de 1938, "abrangeu dois ciclos de natureza seriada – um curso secundário feminino, sob regime federal, a funcionar na seção feminina do Atheneu Norte-Riograndense (cinco séries), e um curso de professores misto, com caráter profissional (duas séries)" (ibidem, p.200).

De acordo com Saviani (2009, p.146), pelo exposto,

[...] observa-se que os institutos de educação foram pensados e organizados de maneira a incorporar as exigências da pedagogia, que buscava se firmar como um conhecimento de caráter científico. Caminhava-se, pois, decisivamente rumo à consolidação de um modelo didático-pedagógico de formação docente que permitiria corrigir a insuficiências e distorções das velhas Escolas Normais [...].

Além disso, a partir das iniciativas pioneiras de instalação do Instituto de Educação do Distrito Federal, na cidade do Rio de Janeiro, e do Instituto de Educação Caetano de Campos, na cidade de São Paulo, aos poucos "foram sendo definidos um ideal de 'curso normal profissionalizante' e as tendências que marcariam a escola normal nos anos seguintes" (Mortatti, 2008c, p.72). A formação de professores, a partir da criação dos Institutos de Educação, passou a ser pautada nos princípios da Escola Nova,

[...] que profissionalizava o magistério, trazia como novo a valorização do aluno enquanto sujeito de sua própria aprendizagem, e as aulas de prática de ensino realizadas nas escolas anexas aos IEs reforçavam a idéia da educação enquanto uma ciência ligada à prática, o que se justifica pelo contexto da época, em que se acreditava que o conhecimento científico e a reflexão filosófica sobre a educação deveriam ser levados ao cotidiano dos professores e à sua prática. (Labegalini, 2005, p.151)

Segundo Mortatti (2008c, p.472), a criação do Instituto de Educação Caetano de Campos, na cidade de São Paulo, tornou-se modelar "para os demais institutos de educação que, entre 1951 e 1967, foram criados nesse estado, seja diretamente como tal, seja por meio da transformação de escolas normais [...]".

Assim, "nova fase se abriu com o advento dos institutos de educação, concebidos como espaços de cultivo da educação, encarada não apenas como objeto do ensino, mas também da pesquisa" (Saviani, 2009, p.145), e as ideias do movimento da Escola Nova foram orientadoras "dos estudos de formação de professores no Brasil, pelo menos até a década de 1970" (Labegalini, 2005, p.151), sobretudo a partir da criação dos Institutos de Educação.

De acordo com Mortatti (2008c), diretamente relacionada com essas mudanças na formação dos professores,

> [...] ensinar a ler e escrever era uma das funções do professor primário, cuja formação deveria ocorrer nas escolas normais e nos institutos de educação. Entre os saberes necessários a esses professores, especialmente no que se refere a sua função de ensinar a ler e escrever enfatizam-se os fundamentos (filosóficos e psicológicos) e a didática da Escola Nova [...]. (Mortatti, 2008c, p.472)

O momento histórico compreendido entre, meados de 1920 e meados de 1970, e que abrange o período escolanovista em Educação é denominado por Mortatti (2000b) como o "terceiro momento crucial" da história da alfabetização, no qual

> [...] observa-se como principal característica a hegemonia da perspectiva teórica com a qual se relaciona a postulação da necessidade de medida do nível de maturidade para o aprendizado da leitura e da escrita, de acordo com os testes ABC criados por Manoel Bergström Lourenço Filho e sintonizados com princípios escolanovistas. (Mortatti, 2008c, 472)

De acordo com essa autora, no que se refere às discussões relativas ao ensino da leitura e escrita, nesse "terceiro momento crucial",

[...] parece haver dois tipos predominantes de discurso, circulando em dois níveis distintos e ao mesmo tempo inter-relacionados: "pelo alto" – um discurso acadêmico-institucional, que incorpora tematizações, normatizações e algumas concretizações sobre as novas bases, as quais tentam se impor como legítimas para a nova ordem política e social; e "pelo baixo" – o do cotidiano escolar, que, mostrando-se, muitas vezes, continuísta em relação à tradição herdada e revelador da pluralidade que se quer neutralizar, incorpora, rotineiramente, grande parte das concretizações, mediatizadas pelos manuais de ensino e pelos livros didáticos e nem sempre conseguindo acompanhar o ritmo do movimento imposto pelo discurso institucional-acadêmico. (Mortatti, 2000b, p.144)

Para Mortatti (2000a), é no "entrecruzamento" desses dois tipos de discursos que Lourenço Filho, um dos divulgadores da Escola Nova, assumiu "papel de vanguarda", sobretudo em relação ao ensino da leitura e da escrita, e sua atuação foi marcada por

[...] um exitoso processo de construção [...] de uma autoimagem centrada na perspectiva, intencional ou não, da fundação do novo, que é preservada do esquecimento, ao ser constantemente reiterada pelas gerações seguintes, seja como legado incômodo a ser exorcizado pelo combate ou pelo silêncio. (Mortatti, 2000b, 145)

Ainda no âmbito desse "terceiro momento crucial" da história da alfabetização, a formação de professores primários "embora continue a ocorrer em instituições especializadas – escolas normais e institutos de educação – passa a ser também alvo de uma produção editorial sistemática relativa a livros de divulgação das novas e modernas bases da educação" (ibidem, p.213).

Os programas e currículos dos cursos de formação de professores

Mesmo tendo circulado em outros estados brasileiros, *Compêndio de literatura infantil* foi elaborado de acordo com o programa oficial dos cursos normais do estado de São Paulo.

Após a transformação da Escola Normal da Praça da República em Instituto de Educação por meio do *Código de Educação do Estado de São Paulo*, Decreto Estadual n.5.884, de 21 de abril de 1933, os próprios professores dessa instituição "fizeram publicar, por meio da Imprensa Oficial do Estado de São Paulo, os programas do 1° ano da Escola de Professores, na qual [...] era oferecido o Curso de Formação de Professores Primários desse IE" (Labegalini, 2005, p.91).

No ano de 1938, com o objetivo de "fixar-lhe as linhas mestras da orientação e do programma de trabalho, tanto para estabelecer o conteúdo mínico do seu ensino como para assegurar, quanto possível, a unidade de formação espiritual do professorado" (São Paulo, 1938, p.3), foi publicado o Boletim n.17, contendo o documento *Programmas das escolas normaes* do estado de São Paulo.

Tendo ficado em vigor por 16 anos, somente em 1954, por meio da Portaria n.49 do Departamento de Educação do estado de São Paulo, o documento *Programmas das escolas normaes*, de 1938, foi substituído por um novo programa para as escolas normais. Trata-se do documento *Programas das escolas normais e instruções metodológicas*, publicado em 2 de dezembro de 1954, e aprovado pelo diretor geral substituto do Departamento de Educação, Carlos Corrêa Mascaro.

De acordo com as "instruções gerais" do programa de 1954, ele foi "elaborado e fixado após sucessivas reuniões nas quais tomaram parte professôres com a responsabilidade do ensino nas escolas normais e catedráticos e assistentes da Faculdade de Filosofia" (São Paulo, 1954, p.3).

Três anos após entrar em vigor o documento *Programas das escolas normais e instruções metodológicas*, de 1954, foi publicado, no estado de São Paulo, a Lei n.3.739, de 22 de janeiro de 1957, que: "Dispões sôbre a organização do ensino normal no estado de São Paulo" (São Paulo, 1957, p.159).

Segundo Labegalini (2005, p.99), a partir dessa lei, "o currículo, que anteriormente compreendia 'matérias' cujo ensino era distribuído em 'cadeiras' (que abrangiam uma ou mais 'matérias'), passou a ser distribuído em 'disciplinas'". Dentre essas, Literatura Infantil constituiu-se como disciplina vinculada à disciplina "Língua Portuguesa e Linguagem", no estado de São Paulo.

De acordo com o Decreto n.3.739, de 22 de janeiro de 1957, as disciplinas dos cursos normais do estado de São Paulo ficaram assim definidas:

> Artigo 3.º – O curso Normal dos Institutos de Educação e das Escolas Normais terá a duração de 3 (três) anos e currículo constituído das seguintes disciplinas:
> 1 – Pedagogia e Psicologia geral e Educacional;
> 2 – Filosofia e História da Educação;
> 3 – Metodologia e Prática do Ensino Primário;
> 4 – Anatomia e Fisiologia Humanas, Higiene e Biologia Educacional;
> 5 – Sociologia Geral e Educacional;
> 6 – Desenho Pedagógico;
> 7 – *Português, Linguagem e Literatura Infantil;*
> 8 – Matemática e Estatística aplicada à Educação;
> 9 – Ciências Físicas e Naturais;
> 10 – História da Civilização Brasileira;
> 11 – Música e Canto Orfeônico;
> 12 – Educação Física, Recreação e Jogos;
> 13 – Trabalhos Manuais e Economia Doméstica; e
> 14 – Educação Social e Cívica.
> (São Paulo, 1957, p.160, grifo meu)

Como mencionei, segundo Carvalho (2010) e Santos (2001), Bárbara V. de Carvalho integrou a equipe responsável por estudar a reformulação da matéria/disciplina Língua Portuguesa dos cursos normais do estado de São Paulo e, ainda segundo Carvalho (2010) e Santos (2001), ela propôs a inserção da literatura infantil como parte dessa disciplina, oficializando-se, essa proposta, na Lei n.3.739, de 1957.

Em decorrência das alterações ocorridas nas disciplinas dos cursos normais mediante publicação da Lei n.3.739, de janeiro de 1957, foi publicado o Comunicado n.18, de 3 de março de 1958, da Chefia do Ensino Secundário e do Curso Normal, no qual consta "as alterações necessárias [relativas ao programa de 1954], à vista da nova distribuição de disciplinas e de aulas, constantes do Quadro de Aulas publicado a 29-1-1958, ou introduzidas em antemão às sugestões apresentadas que lhe foram apresentadas" (São Paulo, 1958, p.3). Esse comunicado consiste no documento *Programas do curso normal,* que passou a vigorar a partir de sua data de publicação.

De acordo com esse documento, os estudos relacionados à literatura infantil eram reservados ao 3° ano do curso normal em duas aulas semanais e de acordo com o seguinte programa:

1 – Origem e desenvolvimento da literatura infantil.

A tradição oral.

Fábulas, viagens, contos de fadas para adultos.

Primeiras coletâneas dos Contos Maravilhosos para adultos.

A literatura de ficção recreativa no século XIX.

A literatura infantil no Brasil. Os precursores (Século XIX), os propulsores do movimento: homens de letras e professôres (século XX).

A expansão da literatura infantil brasileira nos últimos tempos. As publicações infanto-juvenis.

2 – Caracterização da literatura.

A literatura didática e a recreativa; fases e modalidades.

O ajustamento do literato à evolução da criança: a fase do egocentrismo e da socialização.

A poesia na literatura infantil: Os pequenos poemas e as fábulas em verso. Os cantos escolares.

Os requisitos literários morais e material do livro de literatura infantil.

– Finalidades didática, psicológicas, sociais e morais da literatura infanto-juvenil.

4 – A biblioteca escolar, infanto-juvenil finalidade e organização. Clubes de leitura.

5 – O Teatro Infantil: representações infantis, teatro de sombras, de bonecos, de fantoches. (São Paulo, 1958, p.7-8)

No caso desse programa de literatura infantil para o 3° ano normal, que consta no documento *Programas do curso normal*, de 1958, ele foi elaborado com base em um "anteprojeto" de autoria de Lourenço Filho, escrito, em 1957, após a aprovação da Lei n.3.739, de 22 de janeiro, na qual consta a reformulação do currículo dos cursos normais. O jornal *A Gazeta*, de São Paulo, no dia 29 de maio de 1957, publicou a seguinte nota:

> O professor Lourenço Filho enviou ao Departamento de Educação um anteprojeto de programa de literatura infantil nas escolas normais, como contribuição para a elaboração definitiva do referido programa. Damos início, hoje, a publicação parcelada desse anteprojeto começando com a *origem e desenvolvimento da literatura infantil* [...]. (Gazeta, 1957, p.18, grifo do autor)

Mediante análise do "anteprojeto" de Lourenço Filho, e do programa de literatura infantil, de 1958, pude observar que todos os "pontos" propostos por Lourenço Filho em seu "anteprojeto" integram o programa de literatura infantil. Além disso, Lourenço Filho apresenta, nesse "anteprojeto", breves sugestões para o desenvolvimento do programa, como nomes de escritores de literatura infantil representantes de determinado momento histórico.

Embora não tenha localizado informações sobre quais professores participaram da elaboração desse programa, de 1958, é possível afirmar que a influência de Lourenço Filho foi bastante grande na sua elaboração, pois seu "anteprojeto" é bem semelhante ao programa publicado em 1958.

Após a publicação dos programas de ensino dos cursos normais, em 1959, foi publicado o Decreto n.35.100, de 17 de junho de 1959, que estabeleceu nova organização para os cursos normais do estado de São Paulo, dentre elas,

> Artigo 3° – O Curso de Formação destinar-se-á a formar professôres para ensino primário comum.
> Artigo 4° – O Curso de Aperfeiçoamento destinar-se-á ao aperfeiçoamento profissional dos professôres primários.

Artigo 5° – Os Cursos de Especialização destinar-se-ão à especialização de professôres primários tanto para a administração escola como para o ensino. (São Paulo, 1959, p.156)

Para se adequar a essa nova legislação, no estado de São Paulo, foi publicada uma Portaria na qual consta novo programa para as disciplinas dos cursos normais. Trata-se da Portaria n.69, de 10 de setembro de 1959, e na qual constam os seguintes "pontos" para o ensino da literatura infantil:

> II – Literatura infantil:
> Origem e desenvolvimento;
> Literatura folclórica;
> Literatura de ficção no século XIX;
> Literatura infantil no Brasil: precursores e propulsores do movimento;
> Teatro Infantil;
> Poesia na Literatura infantil;
> Objetivos da literatura infanto-juvenil: Didático, Psicológico, Social e Moral.
> Biblioteca escolar infanto-juvenil. (São Paulo, 1960, p.45)

A publicação desse novo programa para as escolas normais, por meio da Portaria n.69, de 1959, no caso da literatura infantil, não apresentou grandes mudanças. Penso que as mudanças são muito mais na forma de denominar cada "ponto" do que na compreensão do que se deve ensinar ao professorando sobre literatura infantil.

No início da década de 1960, após tramitar 13 anos no Congresso Nacional, em 1961, foi promulgada a primeira Lei de Diretrizes e Bases para a Educação Nacional, a Lei n.4.024, de 20 de dezembro de 1961, que, dentre outros, estabeleceu a organização dos cursos de formação de professores em "Escola Normal de grau ginasial", responsável pela formação do "regente do ensino primário", e a "Escola Normal de grau colegial", que deveria formar o professor primário (Almeida, 1993).

Com a publicação da Lei n.4.024, de 1961, para regulamentar os cursos normas do estado de São Paulo, foi publicada a Portaria n.76, na qual constam as disposições sobre a organização dos cursos normais e, um ano após a publicação dessa Portaria, em 1965, foi publicado o

Decreto n.45.159-A, de 19 de agosto, que estabeleceu novo currículo[4] para os cursos normais do estado de São Paulo.

Nesse novo currículo dos cursos normais, publicado por meio do Decreto n.45.159-A, de 19 de agosto de 1965, a disciplina "Língua portuguesa" não aparece acompanhada nem de "Literatura infantil" nem de "Linguagem". É possível que literatura infantil tenha deixado de fazer parte da formação de professores a partir de 1965; porém, também é possível que a indicação literatura infantil tenha deixado de constar no currículo dos cursos normais, porque, para a elaboração desse currículo, o estado de São Paulo baseou-se em uma Resolução do Conselho Federal de Educação.

Apesar de literatura infantil não constar no currículo dos cursos normais de 1965, a partir da reforma do ensino normal ocorrida em 1968, por meio da publicação do Decreto n.50.133, de 2 de agosto de 1968, foi publicada a Resolução n.36, em 1968, que estabeleceu novo currículo para os cursos normais e no qual literatura infantil voltou a constar como disciplina obrigatória vinculada a "Português", devendo ser ministrada na 3ª e na 4ª séries dos cursos normais.

No ano 1971, com a publicação da Lei n.5.692, de 11 de agosto de 1971, que fixou as bases para o ensino de 1° e 2° graus no Brasil, o Curso Normal passou a ser denominado Habilitação Específica de 2° Grau para o Magistério (HEM) e os Institutos de Educação foram transformados em escolas de 2° Grau.

Especificamente no estado de São Paulo, para se adequar a essa alteração nos cursos de formação de professores, a partir da Lei n.5.692, de 11 de agosto de 1971, foi publicado o Comunicado n.4, de 31 de janeiro de 1975, contendo "Sugestão de currículo para o curso de formação de professores em nível de 2° Grau".

Nessa "sugestão", contida no Comunicado n.4, de 1975, literatura infantil passou a integrar o conjunto de disciplinas da parte diversificada do currículo da HEM, devendo ainda ser ministrada na 3ª e na 4ª séries desse curso.

---

4 Daqui em diante, utilizarei a denominação "currículo", pois essa é a denominação que localizei nos documentos que consultei.

132 FERNANDO RODRIGUES DE OLIVEIRA

Também para se adequar à Lei n.5.692, de 11 de agosto de 1971, o currículo dos cursos de formação de professores passou a ser dividido em núcleo comum, mínimos profissionalizantes e parte diversificada, e, além disso, no caso do estado de São Paulo, o Conselho Estadual de Educação, por meio da Deliberação n.21, de 1976, "instituiu o 'aprofundamento' na HEM, a serem desenvolvidos na 4ª série do curso. Assim haveria 'aprofundamento de estudos' na Pré-Escola, na 1ª e 2ª séries e na 3ª e 4ª séries do 2° Grau [...]" (Almeida, 1993, p.101).

De acordo com dados apresentados por Almeida (1993), literatura infantil fez parte de todos os currículos dos cursos de "aprofundamento" realizados na HEM, na 4ª série.

Ainda em "continuidade à implementação da Habilitação Específica de 2° Grau para o Magistério [...]" (São Paulo, 1981, p.9), a Coordenadoria de Estudos e Normas Pedagógicas do estado de São Paulo (Cenp) publicou, no ano de 1981, o documento *Habilitação Específica de 2° Grau para o Magistério*: guias curriculares para a parte diversificada da formação especial, no qual apresenta sugestões relativas às disciplinas "Estatística Aplicada", "Técnicas de Avaliação do rendimento escolar" e "Literatura infantil".

Especificamente sobre a disciplina "Literatura Infantil", nesse documento publicado pela Cenp, consta também "sugestões para a elaboração de um planejamento de curso que [...] serão úteis para o desenvolvimento desse componente curricular" (ibidem, p.9).

A parte relativa à disciplina "Literatura Infantil" contida no documento *Habilitação Específica de 2° Grau para o Magistério*: guias curriculares para a parte diversificada da formação especial (ibidem), foi elaborada por Zélia de Almeida Cardoso e está assim estruturada: introdução e justificativa para o ensino da literatura infantil; os objetivos da disciplina; os conteúdos programáticos; procedimentos; sugestões para elaboração de um plano de ensino; sugestões para elaboração de um cronograma; sugestões para o planejamento de pesquisa; sugestões para escolha de textos teóricos para cada "tema" dos conteúdos programáticos; sugestões de coleções de livros *de* literatura infantil; e sugestão de bibliografia teórica *sobre* literatura infantil.

Destaco que, nesse documento publicado pela Cenp, a professora responsável pela elaboração das sugestões relativas à disciplina "Literatura Infantil", Zélia de Almeida Cardoso, indicou *Compêndio de literatura infantil* como bibliografia para o desenvolvimento dos seguintes "temas" dos conteúdos programáticos: "Natureza da obra literária para crianças"; "Funções do texto para criança"; "O acesso da criança ao texto literário na antiguidade e na Idade Média"; "O acesso da criança ao texto literário na época moderna"; "A literatura infantil no século XIX"; "A obra de Monteiro Lobato"; "Literatura Brasileira e Literatura Infantil"; "A criança e as publicações infantis"; "O livro infantil"; e "Organização de bibliotecas". Além disso, *Compêndio de literatura infantil* também é indicado na parte "Sugestões Bibliográficas – Literatura infantil", como bibliografia básica sobre o tema.[5]

Pelo exposto, é possível compreender que, pelo menos até o final da década de 1980, literatura infantil permaneceu nos currículos e programas dos cursos de formação de professores primários do estado de São Paulo. E, embora tenham ocorrido diversas modificações nesses cursos, é possível afirmar que os programas de literatura infantil, ou, na denominação da HEM, os conteúdos programáticos dessa disciplina, não sofreram grandes alterações quanto aos "pontos" ou "temas" que constam nos documentos que localizei. Isso não significa que o ensino da literatura infantil não tenha se alterado ao longo do século XX; porém, essas mudanças estiveram mais diretamente relacionadas ao "como" se ensina.

Além disso, mesmo havendo certa resistência dos professores em relação ao ensino da literatura infantil, desde que ela se constituiu como disciplina dos cursos normais, como afirma Bárbara V. de Carvalho no capítulo "À guisa de prólogo", acrescentado a partir da segunda edição de *Compêndio de literatura infantil*, literatura infantil continuou a fazer parte da formação dos professores primários até, pelo menos, o final da década de 1980, ou seja, por pelo menos trinta anos.

---

5 Além do manual de Bárbara V. de Carvalho, são indicados como bibliografia básica: *Literatura infantil*, de Coelho (1981); *A literatura infantil*, de Jesualdo (1978); *Problemas da literatura infantil*, de Meireles (1951); e *Curso de literatura infantil*, organizado por Oliveira [1958b].

134 FERNANDO RODRIGUES DE OLIVEIRA

A especificidade dos manuais de ensino

Os manuais de ensino, por conterem os saberes considerados necessários à formação dos professores, são importantes objetos para a compreensão da "história cultural da escola e dos saberes pedagógicos no Brasil" (Carvalho, 2006, p.1), além de serem "reveladores daquilo que constitui o duplo movimento contraditório de disseminação de conhecimentos elaborados no interior de uma disciplina" (Bastos, 2006, p.2).

De acordo com Nagle (1976, p.264), até a década de 1920, é "notória a escassez de obras sobre educação [...]". Com a disseminação das "ideias renovadoras", a publicação de livros sobre educação e destinado aos alunos dos cursos de formação de professores "se transforma numa área distinta, multiplicam-se as obras que começam a fazer parte mais firme da programação editorial da época; tal programação se diversifica e se especializa" (ibidem, p.263).

Segundo Labegalini (2005, p.131), para promover a leitura entre os professorandos e divulgar as ideias escolanovistas, as bibliotecas dos IE recebiam muitas publicações, entre elas os manuais de ensino, que tinham a finalidade de formar professores e "subsidiar a constituição da identidade de profissionais – professores primários – que devem atuar na formação de outros alunos. Tais elementos conferem aos manuais pedagógicos um lugar muito especial [...]" (Silva, 2003, p.36).

Escritos para "sustentar" a formação dos professores, os manuais de ensino congregam, segundo Valdemarin (2008):

[...] aspectos teóricos e orientações para a condução da prática docente, articulando num mesmo impresso o campo doutrinário da pedagogia, as determinações legais e os procedimentos necessários para a sua consecução, seja com exemplos já realizados seja como dever a ser.

Além desses aspectos, os manuais de ensino, cuja produção esteve diretamente relacionada à expansão dos cursos normais e a disseminação das ideias escolanovistas, segundo Silva (2001, p.112),

[...] apresentam ao seu público a síntese de uma ampla literatura, produzida por diversos nomes e relacionada a diferentes ramos de estudo. Assim, os saberes contidos nos compêndios constituíram-se a partir da explicação que os seus autores, enquanto leitores, fizeram de algumas idéias.

Como mencionei, apesar de conter uma bibliografia ao final do conteúdo de *Compêndio de literatura infantil*, observei que Bárbara V. de Carvalho não cita literalmente a maioria dos autores que menciona na bibliografia, além disso, não é possível saber quais autores ela utilizou para as fundamentações teóricas que apresenta.

Silva (2001), por meio dos conceitos de "auctores" e "lectores", formulados por Bourdieu (1990), distingue os autores que interpretam o texto de outro e se apropriam desse texto para formular o seu próprio texto, ou seja, os "lectores" se apropriam da teoria produzida pelos "auctores" para produzirem os seus discursos. Essa distinção entre "auctores" e "lectores", descrito por Bourdieu, caracteriza uma das especificidades da produção de manuais de ensino, pois os seus autores, na condição de "lectores", utilizam-se da teoria formulada pelos "auctores" para estruturarem os conhecimentos considerados necessários aos professorandos.

No caso de *Compêndio de literatura infantil*, chama atenção a quantidade de informações que Bárbara V. de Carvalho apresenta no capítulo sobre a "origem e desenvolvimento da literatura infantil" sem mencionar as possíveis fontes utilizadas para a formulação desse capítulo. O mesmo corre com a apresentação de aspectos da vida e da produção de livros *de* literatura infantil de autores brasileiros e estrangeiros.

Considerando esses aspectos, é possível afirmar que o conteúdo apresentado por Bárbara V. de Carvalho em *Compêndio de literatura infantil* é característico dessa ideia de apropriação teórica do conhecimento produzido por outros autores, que caracteriza os manuais de ensino, de modo geral.

No título do compêndio de Bárbara V. de Carvalho penso estar expressa essa ideia, pois a palavra "compêndio", de acordo com o dicionário Houaiss (2001), significa compilar, resumir o que é mais

136 FERNANDO RODRIGUES DE OLIVEIRA

indispensável no estudo de determina assunto; além disso, "compêndio" é considerado como sinônimo de livro escolar.

Como exemplo dessa "síntese" de determinado assunto, no exemplar da segunda edição de *Compêndio de literatura infantil*, há a seguinte afirmação:

> *Todos sabemos* que nenhuma das grandes civilizações antigas atinou para o problema da educação infantil. Tudo não passa de um amestramento para um fim determinado: o guerreiro, em Esparta; o estudioso, que se defrontava com os aedos, com Esopo, com os poetas, em Atenas; e assim, sucessivamente, adestravam-se as crianças, visando aos interesses do adulto. (Carvalho, 1961b, p.15, grifo meu)

Por meio da análise do conteúdo de *Compêndio de literatura infantil*, observei, ainda, que há trechos escritos entre aspas, porém não há indicação do autor, como nesse caso:

> A literatura é um elo que une os povos. E', portando, uma necessidade. E se a manifestação primitiva da literatura foi a linguagem oral, é evidente que se não possa fixar a sua origem. De onde veio? – De todas as partes do mundo. Quem a realizou? – O povo. *"Ela é anônima, porque não é de ninguém; e não é de ninguém, porque é de todo o mundo, é universal".* (Carvalho, 1959, p.14, grifo meu)

Com base nesses apontamentos, sobre as especificidades dos manuais de ensino e também a distinção feita por Carvalho (2006, 2007), em relação à classificação dos manuais em "tratados", "caixas de utensílios" e "guias de aconselhamento", que apresentei na introdução deste livro, considero que o compêndio de Bárbara V. de Carvalho aproxima-se da ideia de um "tratado", pois, embora a autora apresente algumas sugestões práticas, na introdução de seu compêndio, Bárbara V. de Carvalho (1959, p.5-6) afirma ser esse um "livro escolar" que contém "um programa que traga uma visão panorâmica do assunto, a fim de orientar os alunos para as suas aulas e o desenvolvimento de suas teses" e, por isso, ser um compêndio que aborda a "parte teórica de que necessitam os alunos-mestres, para lastro de sua cultura [...]" cabendo ao professorando o "trabalho prático".

Depois da publicação da primeira edição de *Compêndio de literatura infantil*, os manuais que foram publicados, diferentemente do de Bárbara V. de Carvalho, não apresentam características de um "tratado", pois deixam de apresentar a compilação de um determinado conhecimento, no caso, sobre literatura infantil, e apresentam uma espécie de rotina de trabalho que o professorando deverá seguir com seus alunos. Os títulos desses manuais publicados posteriormente ao de Bárbara V. de Carvalho, na década de 1960, são indicativos dessa característica, como *Como ensinar literatura infantil*, de Maria Antonieta Antunes Cunha (1968), e *Pontos de literatura infantil*, de José Benedicto Pinto (1967), nos quais os autores apresentam sugestões de exercícios e de textos literários para que os professorandos usem em suas aulas na escola primária.

Pelo exposto, embora seja recorrente utilizar os termos "manual de ensino" e "compendio" como equivalentes, como mencionei na introdução deste livro, optei por utilizar "compêndio" para me referir a *Compêndio de literatura infantil* e manual de ensino para me referir aos demais livros didáticos destinados ao ensino da literatura infantil, justamente para marcar a diferença existente entre eles, em relação ao lugar que ocupam na organização e sistematização de um conjunto de saberes relativos à literatura infantil.

Mesmo, porém, sendo *Compêndio de literatura infantil* um livro que, sobretudo, compendia um conhecimento específico sobre a literatura infantil, é possível identificar em alguns trechos de seu conteúdo "sugestões" do trabalho com a literatura infantil na escola primária.

No capítulo em que trata do teatro infantil, Bárbara V. de Carvalho (1959; 1961b; s.d.[e]) apresenta ao seu leitor previsto, o professorando, "sugestões" de como organizar as peças teatrais.

> As peças podem ser feitas pelos alunos, com a supervisão do professor, que orienta e dá os devidos retoques. O teatro de ser todo realizado pelas crianças, auxiliadas e orientadas, apenas. [...] Para adaptação de

138 FERNANDO RODRIGUES DE OLIVEIRA

peças modernas, recentemente publicadas, deve-se ser solicitada a permissão do autor. Qualquer informação poderá ser dada pela S.B.A.T. (Sociedade Brasileira de Autores Teatrais), no Rio de Janeiro. (Carvalho, 1959, p.99-100).

Ainda no capítulo sobre o teatro, Bárbara V. de Carvalho (1959; 1961b; s.d.[e]) apresenta outras "sugestões" para o professor trabalhar com a literatura infantil.

PREPARO DE BONECOS E MODELAGEM
Enrolam-se bem apertados alguns jornais velhos e rala-se, para fazer-se o pó. Prepara-se um mingau de farinha de trigo ou polvilho, nem ralo nem grosso demais. Cozinha-se esse mingau em banho-maria, em fogo brando, não deixando ferver, mexendo-se bem para não encaroçar. Deixa-se esfriar, e mistura-se depois com o pó de papel dos jornais, juntando-se um pouco de pó de serra peneirado, um pouco de gesso e uma colherinha de café de ácido bórico. Amassa-se e cobre [...] Depois põe-se a cabeleira e pinta-se com tinta guache. (Carvalho, 1959, p.108)

Além dessas "sugestões", quando Bárbara V. de Carvalho (1959; 1961b; s.d.[e]) fundamenta a necessidade de adequar à literatura infantil ao desenvolvimento psicológico e à "evolução mental" da criança, ela também "sugere" quais livros são adequados para cada idade, como os de La Fontaine, Daniel Defoe, José de Alencar, Visconde de Taunay e Joaquim Manoel de Macedo.

Pelo exposto, considero que, embora tenha sido escrito num momento histórico em que a maioria dos manuais de ensino publicados no Brasil se caracterizava como o que Carvalho (2006, 2007) denomina "caixa de utensílio", *Compêndio de literatura infantil* se caracteriza muito mais como um livro que compendia, compila os conhecimentos teóricos produzidos por outros autores, sobretudo estrangeiros, sobre literatura infantil, o que penso ser essa uma das contribuições de Bárbara V. de Carvalho para a constituição da literatura infantil como disciplina dos cursos de formação de professores primários no estado de São Paulo.

Compêndio de literatura infantil e a sintonia com os programas de ensino

Em razão de o documento *Programas do curso normal* (São Paulo, 1958) se tratar de um programa de ensino, nele estão contidos apenas os "pontos" a serem estudados pelos professorandos no que diz respeito à literatura infantil, sem que haja qualquer sugestão ou "instrução metodológica" do desenvolvimento desses "pontos". Também o "anteprojeto" de autoria de Lourenço Filho, embora contenha algumas poucas sugestões do que pode ser trabalhado no ensino da literatura infantil, esse documento está centrado apenas nos "pontos" necessários a serem ensinados.

Tomando, portanto, como base o programa de ensino e por meio da "transposição didática" da teoria a que teve acesso, *sobre* literatura infantil, Bárbara V. de Carvalho estruturou em *Compêndio de literatura infantil* os conhecimentos considerados necessários à formação do professor primários relativos à literatura infantil.

Mais do que contemplar os temas relacionados à literatura infantil que constam no programa de 1958, *Compêndio de literatura infantil* foi elaborado com a mesma estrutura desse programa de ensino, de forma que a organização dos capítulos segue a sequência de "pontos" contida nesse programa.

Como expus no Capítulo 3 deste livro, Bárbara V. de Carvalho organizou seu compêndio a partir da apresentação da "origem" histórica da literatura infantil, que consiste na tradição oral, e apresentação dos autores do século XVII, os "fundadores" da literatura infantil, do século XVIII e XIX. Essa apresentação de Bárbara V. de Carvalho corresponde ao primeiro "ponto" do programa de literatura infantil. O mesmo ocorre com os demais "pontos" do programa e a sequência de capítulos do compêndio.

De acordo com Cunha (1995, p.78), os documentos oficiais dos cursos normais do estado de São Paulo, publicados entre 1938 e 1960, contêm orientações que:

140 FERNANDO RODRIGUES DE OLIVEIRA

Ressaltam a importância dos conhecimentos das áreas científicas da Psicologia, da Sociologia e da Biologia. Tais conhecimentos devem ser ministrados de maneira a consolidar uma visão integrada do educando a ser trabalhado pelos futuros mestres; a criança deve ser compreendida em suas dimensões biológicas, psicológica e social [...].

Essa ênfase no aspecto psicológico, social e biológico, característica da Escola Nova, está contemplada no programa de literatura infantil, pois o professorando, de acordo com ele, deveria estudar "o ajustamento do literato à evolução da criança", além dos aspectos "didáticos, psicológicos, sociais e morais" dos livros infantis.

Em conformidade com o programa de literatura infantil e com as aspirações do momento histórico, em *Compêndio de literatura infantil* são bastante destacados os aspectos "didático", "psicológico", "social" e "moral" da literatura infantil. Na medida em que Bárbara V. de Carvalho apresenta, em seu compêndio, aspectos da "caracterização" da literatura infantil, como a poesia, as fábulas e o teatro, há sempre a ressalva de que os textos selecionados devem ser adequados ao processo de "evolução" psicológica, biológica e social da criança.

Bárbara V. de Carvalho, ao desenvolver, no seu compêndio, o aspecto das "Finalidades didática, psicológicas, sociais e morais da literatura infanto-juvenil", de acordo com o programa de ensino, apresenta um conjunto de ações que o professor deve desempenhar para que essas "finalidades" sejam atingidas. Cabe ao professor fazer que a literatura infantil atenda as finalidades de

[...] estimular a inteligência e a imaginação; [...] sublimar e transferir impulsos; [...] fazer da literatura um instrumento de satisfação, de gozo recreativo, de alegria, par que ela se infiltre na alma infantil e a acompanhe até a idade adulta; [...] despertar o sentimento de respeito, de cavalheirismo, de boas maneiras, enfim, da conduta social, em quaisquer circunstâncias; [...] imprimir na criança o entusiasmo pela boas ações e bons sentimentos; [...] fazê-la perceber a vitória do bem e o castigo ou insucesso do mal [...]. (Carvalho, 1959, p.91-3)

No âmbito da Escola Nova, as instituições de ensino têm função socializadora e deve atender às exigências do desenvolvimento da criança (Cunha, 1994; 1995). A partir desse princípio, os programas eram organizados, de acordo com Cunha (1995), para nortear o trabalho do professor para que essas finalidades fossem atingidas, além de os programas serem responsáveis para se evitar ações espontaneístas no ensino (ibidem). Apesar de os programas estarem centrados na formação do professor para que ele possa atuar plenamente no desenvolvimento da criança, ele é visto como "de fundamental importância para o projeto de sociedade, não podendo, por esta razão, ser permeada, além do inevitável, por flutuações de ordem pessoal".

Possivelmente preocupada com esse aspecto da formação dos professores, Bárbara V. de Carvalho (1959, p.73), em *Compêndio de literatura infantil*, faz o seguinte alerta aos professores: "Não esqueça o professor que em suas mãos está a responsabilidade das virtudes e dos vícios adquiridos na educação intelectual da criança (e que bela e grandiosa missão)".

Mesmo com as mudanças que foram ocorrendo no ensino normal paulista, sobretudo nos programas de ensino dos cursos normais, decorrentes das mudanças na concepção de formação de professores, ainda assim é possível compreender a sintonia de *Compêndio de literatura infantil* com esses programas.

Até mesmo a extinção dos cursos normais e a criação da HEM, características da crise da concepção escolanovista de educação e a articulação da pedagogia tecnicista (Saviani, 2008), ainda assim é possível identificar semelhanças dos conteúdos programáticos da disciplina "literatura infantil", da HEM, com o conteúdo de *Compêndio de literatura infantil*; fato que reforça isso é a indicação desse compêndio como bibliografia básica para o ensino da literatura infantil no documento *Habilitação Específica de 2° Grau para o Magistério*: guias curriculares para a parte diversificada da formação especial (São Paulo, 1981).

É possível que o fato de Bárbara V. de Carvalho ter reformulado e ampliado a segunda edição, comparativamente à primeira edição, e a terceira, comparativamente à segunda edição, esteja relacionado com as mudanças que foram ocorrendo ao longo da segundo metade dos século XX, nos cursos de formação de professores primários.

Pelo exposto, pode-se afirmar que *Compêndio de literatura infantil* contribuiu para estruturar um conjunto de saberes relacionados à literatura infantil e considerados necessários para a formação dos professores primários, pois, na medida em que não haviam textos que subsidiassem o ensino da literatura infantil e o programa oficial apenas apresentava os "pontos" a serem abordados, Bárbara V. de Bárbara V. de Carvalho é a primeira a elaborar um compêndio no qual contém os conteúdos relativos à literatura infantil, que deveriam ser estudados nos cursos normais pelos professorandos.

6
COMPÊNDIO DE LITERATURA INFANTIL E A PRODUÇÃO BRASILEIRA *SOBRE* LITERATURA INFANTIL

A produção *sobre* literatura infantil no Brasil

Se considerarmos que a produção brasileira de livros *de* literatura infantil iniciou-se somente no final do século XIX e que somente a partir da década de 1920 essa produção passou a constituir maior volume, em decorrência, dentre outros, da profissionalização dos escritores e especialização das editoras nessa área (Lajolo; Zilberman, 1984), é justificável que a produção brasileira *sobre* literatura infantil seja tão escassa e que somente nas últimas três décadas do século XX se passou a ter uma produção mais sistemática sobre o gênero (Ceccantini, 2004).

De acordo com balanço realizado por Magnani (1998) e Mortatti (2000a), as primeiras publicações brasileiras *sobre* literatura infantil ocorreram no final do século XIX e início do século XX, sob a forma de prefácios de livros didáticos e de livros de leitura.

A partir da década de 1920, em decorrência do aumento do número de livros *de* literatura infantil publicados no Brasil, começaram a ser publicados, ainda de forma "esparsa" e "episódica", alguns artigos e capítulos sobre o gênero (Magnani, 1998).

Ainda de acordo com Magnani (1998) e Mortatti (2000a), a produção brasileira *sobre* literatura infantil intensificou-se a partir da década de 1970, "responsável pela emergência, na cena acadêmica, de um campo de conhecimento específico [...]" (Mortatti, 2000a) decorrente, dentre outros, da:

> [...] gradativa inserção e institucionalização da literatura infantil como matéria de ensino e/ou disciplina em currículos de licenciaturas em Pedagogia e Letras – a exemplo do que já vinha ocorrendo no Curso Normal –; a organização de entidades e projetos – governamentais ou não –, grupos acadêmicos e de pesquisa, seminários e congressos relativos à discussão de problemas e propostas concernentes à leitura e à literatura infantil; e, sobretudo, a expansão dos cursos de pós-graduação acompanhada de uma crescente produção acadêmica divulgada sob o formato de teses/dissertações, artigos especializados e livros. (Mortatti, 2000a, p.11)

Ao longo desse pouco mais de um século da produção brasileira *sobre* literatura infantil, considerando a inserção da literatura infantil em diversas áreas de conhecimento e também a multiplicidade de enfoques aos quais foi submetida, alguns autores se tornaram representativos dessa produção por terem sido fundadores de modos específicos de se pensar a literatura infantil no contexto brasileiro, além de seus textos terem se tornado referência indispensável para os que estudam e pesquisam literatura infantil. São eles: Lourenço Filho (1943); Meireles (1951); Azevedo (1952); Arroyo (1968); Salem (1970); Zilberman (1981); Zilberman e Magalhaes (1981); Coelho (1981); Lajolo e Zilberman (1984); Rosemberg (1985); Perroti (1986); Magnani (1989); e Ceccantini (2000).

Embora nas primeiras décadas do século XX tenham sido publicados alguns artigos que tematizam a literatura infantil, como afirma Magnani (1998), o artigo "Como aperfeiçoar a literatura infantil", de Manoel Bergströn Lourenço Filho, publicado em 1943, é considerado por Bertoletti (2006, p.221) pioneiro no assunto, uma vez que nele o autor "esboça uma história, formula uma teoria e expõe princípios para uma crítica específica do gênero".

Decorrente de discurso proferido na Academia Brasileira de Letras, no artigo "Como aperfeiçoar a literatura infantil", Lourenço Filho (1943) apresenta um resumo da história da constituição da literatura infantil como gênero literário e destaca a oscilação do gênero entre a "literatura didática", característica da escola, e a "literatura infantil", que, por ser entendida como Arte, concorre na formação do espírito da criança.

Especificamente no caso brasileiro, Lourenço Filho (1943) destaca a origem da literatura infantil nos livros didáticos e nas traduções e adaptações que vão sendo publicadas a partir do final do século XIX e início do século XX, e considera que a publicação, em 1921, de *Narizinho arrebitado*: segundo livro de leitura para uso das escolas primárias, de José Bento Monteiro Lobato, marca o "aparecimento" de uma nova época, original e de trabalhos numerosos, que constitui uma literatura infantil "perfeitamente caracterizada" no Brasil (ibidem).

Por meio desse histórico da literatura infantil, Lourenço Filho (1943) a conceitua como os livros produzidos para as crianças, cuja função não é o de aplicação didática, mas o de exprimir o "belo" e, por isso, ela torna-se, inevitavelmente, instrumento de educação, mesmo não tendo "função direta" de ensinar.

> Justamente por ser desinteressada, por não pretender senão fazer admirar o belo, a literatura infantil – arte que é – há de suscitar o bom gosto, o senso de medida, o desejo de superação; há de concorrer para o uso, crescentemente aprimorado, da linguagem, instrumento natural de comunicação e de expressão entre os homens, por ser mesmo arte também; há de, enfim, cooperar, com as demais formas e processos de educação para a compreensão do pequenino mundo da criança [...]. (ibidem, p.157-8)

Além de apresentar o seu conceito de literatura infantil e as funções que considera que essa literatura tem que exercer no seu leitor, Lourenço Filho (1943) apresenta um balanço da situação da produção brasileira de literatura infantil, à época, ressaltando que, até o ano de 1942, estavam disponíveis no mercado editorial brasileiro, pelo menos, 605 títulos de livros desse gênero, sendo 434 traduções ou adaptações e 171 livros escritos por brasileiros, porém, grande parte desses livros eram de baixa qualidade estética. Para que essa situação pudesse se reverter, Lourenço Filho (1943) conclui o seu artigo apresentando as "providências" necessárias a serem tomadas, como: a necessidade de uma conceituação mais exata da literatura infantil; necessidade de medidas de estímulo aos autores nacionais, editores e ilustradores; e a necessidade de medidas de estímulo em geral, como criação de prêmios, exposições e o incentivo por parte da Academia Brasileira de Letras.

No ano 1951, depois de oito anos da publicação do artigo de Lourenço Filho (1943), a poetisa e educadora Cecília Meireles teve publicado *Problemas da literatura infantil*, o primeiro livro *sobre* literatura infantil publicado no Brasil (Magnani, 1998), que decorreu de três conferencias que ela proferiu, em 1949, para professores da cidade de Belo Horizonte, a pedido da Secretaria de Educação do estado de Minas Gerais.

Segundo Meireles (1951), literatura infantil é tudo aquilo de que as crianças gostam e escolhem para ler. São elas quem delimitam o que é literatura infantil, e, por isso, não há distinção entre ela e a "Literatura Geral", tudo é uma única literatura. Para Meireles (1951), não há literatura infantil *a priori*, somente *a posteriori*.

Desse modo, o que constitui, para Meireles (1951), o acervo de livros para crianças, é o que "de século em século e de terra em terra, as crianças têm descoberto, têm preferido, têm incorporado ao seu mundo, familiarizadas com seus heróis, suas aventuras, até seus hábitos e sua linguagem, sua maneira de sonhar e suas glórias" (Meireles, 1951, p.28). Em decorrência desse conceito de literatura infantil, Meireles (1951) compreende que coexistem nesse gênero o aspecto estético e o formativo e, por isso, a literatura infantil é tão necessária à formação humana, quer para as crianças, quer para os adultos.

Ainda no início da década de 1950, o educador e sociólogo Fernando de Azevedo teve publicado, em 1952, o artigo "Literatura infantil numa perspectiva sociológica", no qual ele aponta os aspectos sociológicos dos problemas que envolvem a produção e o estudo da literatura infantil.

Partindo da compreensão de que a literatura infantil é fruto de modificações na estrutura social, econômica cultural e ideológica do mundo moderno, Azevedo (1952) considera que a literatura infantil sempre existiu, porém não sob a forma de livros, mas na cultura popular e tradição oral, constituída de canções de ninar, pequenos contos e pequenas narrativas.

Com as mudanças do mundo moderno e o impulso dos estudos pedagógicos, segundo Azevedo (1952, p.49-50),

> [...] a criança passou a ser objeto constante das reflexões de filósofos e educadores e das observações e pesquisa científicas de especialistas que trabalham no campo de duas ciências novas e vizinhas: a sociologia e a psicologia. [...] É desse interesse cada vez mais vivo pela criança que começaram a participar escritores, dando-nos, já no século XVIII e sobretudo a partir do século XIX, livros preciosos que se tornaram clássicos [...].

Para concluir, Azevedo (1952) alerta para o fato de que, mesmo havendo, à época, livros de "primeira mão", a literatura infantil também se tornou "refúgio de medíocres", livros com os quais se pretende transmitir valores morais de forma didática. Por isso, a necessidade de se conhecer a literatura infantil, pois a felicidade dela está diretamente relacionada com o que lê, ouve, de acordo com as ideias da época em que vivem (ibidem).

Depois do primeiro "surto" da produção de textos *sobre* literatura infantil, durante a década de 1950 (Mello Neto, 1988), década também da publicação de *Compêndio de literatura infantil*, no ano de 1968, o historiador e jornalista Leonardo Arroyo teve publicado o livro *Literatura infantil brasileira*: ensaio de preliminares para a sua história e suas fontes, o qual é decorrente da análise de um farto conjunto de documentos, livros, revistas, informações sobre autores, escritores e memorialistas, catálogos de editoras, textos de historiadores e obras de sociólogos e folcloristas, e que consiste numa fonte inesgotável de informações para as pesquisas na área da literatura infantil.

Partindo da ideia de que a literatura infantil, como arte literária, é primeiramente diversão e ludismo e que, depois de interessar à criança, passa para um segundo grau: o de educar e instruir, Arroyo (1968) apresenta um minucioso histórico das origens e fontes da literatura infantil e considera que a literatura oral, o papel desempenhado pelos

148 FERNANDO RODRIGUES DE OLIVEIRA

"velhos negros e negras" contadores de estórias, a literatura escolar e a imprensa escolar foram fundamentais para a sua constituição como gênero literário.

No caso específico do Brasil, Arroyo (1968, p.198) afirma ser a origem da literatura infantil a literatura escolar do final do século XIX, e a "verdadeira" literatura infantil só se inicia com Monteiro Lobato, autor que concilia em seus textos:

> [...] o apelo à imaginação em harmonia com o complexo ecológico nacional; a movimentação dos diálogos, a utilização ampla da imaginação, o enredo, a linguagem visual e concreta, a graça na expressão – toda uma soma de valores temáticos e lingüísticos que renova inteiramente o conceito de literatura infantil no Brasil.

Além dos aspectos históricos discutidos por Arroyo (1968), esse autor esboça um ensaio sobre o panorama da literatura infantil na década de 1960, no qual considera que a literatura infantil, por ser considerada gênero menor e pelo caráter didático empregado a ela, não encontrou os seus críticos e seus historiadores, merecendo destaque apenas Lourenço Filho, Cecília Meireles e Fernando de Azevedo, autores de textos decorrentes de pesquisas e estudos que significaram o esforço na elaboração de "quadros" históricos e críticos da literatura infantil.

Com base nessas informações, Arroyo (1968, p.228-9) conclui que:

> [...] o exame mais perfunctório das obras dos autores relacionados [...] revela um tradicional fato. Ou melhor, um processo histórico tradicional, qual seja a utilização dos velhos temas nacionais com perspectivas e formulações novas [...] Embora tradicional, o processo sofreu poderosa alteração em seus objetivos. O despertar da consciência nacional [...] Esta moldura condiciona os valores da literatura infantil brasileira, dando-lhe um teor mais brasileiro, mais da terra, com o aproveitamento de seus próprios valores culturais.

Publicado no ano 1970 e decorrente da reformulação, ampliação e reestruturação de outro livro publicado na década de 1950, *História da literatura infantil*, da educadora Nazira Salem, foi publicado com o objetivo de contribuir para os estudos *sobre* literatura infantil.

Em *História da literatura infantil*, Salem (1970) compreende que a origem e desenvolvimento da literatura infantil estão "entrelaçados" ao desenvolvimento da psicologia e da pedagogia infantil, e para compreender a sua história, faz-se necessário compreender os sistemas e teorias educacionais que se disseminaram ao longo dos séculos. Nesse sentido, segundo Salem (1970), as teorias de Rousseau, Basedow e Pestalozzi, disseminadas no século XVII, estão diretamente relacionadas ao aparecimento da literatura infantil e de uma "fórmula" usada pelos educadores que caracteriza esse gênero literário: a transmissão de conhecimentos e valores morais por meio de exemplos forjados nos textos narrativos.

Depois da publicação do livro de Salem (1970), na década de 1980, em decorrência, como mencionei, da criação de Programas de Pós-Graduação e da constituição da literatura infantil como disciplina nos cursos de Letras e Pedagogia (Magnani, 1998, Mortatti 2000a), a produção *sobre* literatura infantil aumentou significativamente. Somente no ano de 1981 foram publicados, dentre outros, três importantes livros decorrentes de pesquisas realizadas por professoras pesquisadoras da área de letras, vinculadas a instituições de ensino superior. São eles: *A literatura infantil:* história, teoria, análise, de Nelly Novaes Coelho; *A literatura infantil na escola*, de Regina Zilberman; e *Literatura infantil:* autoritarismo e emancipação, também de Regina Zilberman em coautoria com Ligia Cadermatori Magalhães.

No livro *A literatura infantil:* história, teoria, análise, a professora e pesquisadora Nelly Novaes Coelho (1981), em decorrência de seus estudos sobre a didática da literatura, compreende que a literatura infantil, para além de seus objetivos imediatos, como proporcionar o prazer, emoção e divertimento, deve servir de fonte de "formação cultural" à criança, ou seja, a literatura infantil entendia essencialmente como arte, desempenha papel importante na formação humana, atuando "de maneira mais profunda e duradoura, no sentido de *dar forma e de divulgar os valores culturais* que dinamizam uma sociedade" (Coelho, 1981, p.3, grifos da autora).

De acordo com Coelho (1981), o século XX é marcado pela transformação dos valores de base da sociedade, o que gerou, no campo da literatura infantil, uma diversidade de posicionamentos ante o "o que é?" a literatura infantil e "como?" ou "por quê?" ela pode/deve interferir na "transmissão" de valores válidos para um dado momento histórico. Apesar das discordâncias, Coelho (1981) defende a compreensão da literatura infantil como "fenômeno literário", e *não é só o prazer que conta*. Simultaneamente à 'diversão' da leitura, a criança precisa começar a descobrir (sem saber o que está descobrindo) que Literatura é algo mais do que um simples passatempo" (ibidem, p.XVII), ela é "depositária" e "mediadora" de valores decisivos para que se possa viver a vida em plenitude. Para isso, os livros destinados às crianças devem ser adequados ao desenvolvimento psicológico delas, conforme aponta a psicologia experimental.

Além desses aspectos, Coelho (1981) considera que a crítica sobre literatura infantil produzida até a década de 1980 foi feita por "vozes críticas" diversas e isso acarreta na perda da "*literariedade* [da literatura infantil], para ser tratada como simples *meio* de transmitir valores" (Coelho, 1981, p.38, grifo da autora). Para Coelho (1981), é necessária a produção de uma "crítica literária organizada", na qual os que se encarregam de produzi-la devem ter como objetivo compreender o "valor" da obra literária e o meio mais adequado para isso é o "critério culturalista", no qual "procuramos esse valor nas relações que *a obra mantém com as tendências de sua época*" (Coelho, 1981, p.40, grifos da autora).

No livro *A literatura infantil na escola*, Zilberman (1981) problematiza a relação existente entre a literatura infantil e a escola e considera que, em decorrência da literatura infantil ter sido "inventada" a partir do aparelho escolar, ela está diretamente relacionada à pedagogia.

Com base em teóricos alemães e considerando que os estudos *sobre* literatura infantil, produzidos no Brasil, não atingiram a globalidade do gênero, Zilberman (1981) se propõe a pensar a literatura infantil a partir da teoria literária, por considerar que ela está envolta de equívocos e preconceitos que "reprimem" os estudos que evidenciam a sua "validade estética" e as suas "fraquezas ideológicas". Assim,

Zilberman (1981) considera que a constituição da literatura infantil como gênero literário está diretamente relacionada à constituição de um modelo familiar burguês e com a valorização da infância, a partir do século XVII.

Em meio a esse contexto, Zilberman (1981) afirma que a literatura infantil e a escola são "convocadas" para a missão de controle intelectual e manipulação das emoções das crianças.

> A aproximação entre a instituição e o gênero literário não é fortuita. Sintoma disto é que os primeiros textos para crianças são escritos por pedagogos e professores, com marcante intuito educativo. E, até hoje, a literatura infantil permanece como uma colônia da pedagogia, o que lhe causa grandes prejuízos: não é aceita como arte, por ter uma finalidade pragmática; e a presença deste objetivo didático faz com que ela participe de uma atividade comprometida com a dominação da criança. (ibidem, p.15-16)

Embora literatura infantil e escola partilhem de ponto comum – a natureza formativa –, para Zilberman (1981), elas não se identificam, pois a escola participa do processo de manipulação da criança e conformadora de padrões de pensamento em vigência, e a literatura infantil é lugar de síntese da realidade do leitor e de questionamento dos valores em circulação.

Mesmo com essa não identificação entre literatura infantil e escola, Zilberman (1981, p.25) considera que ambas não devem ser afastadas; muito pelo contrário, o fato de a literatura infantil ser lugar de questionamento é o que justifica a sua permanência na escola.

> A justificativa que legitima o uso do livro na escola nasce, pois, de um lado, da relação que estabelece com seu leitor, convertendo-o num ser crítico perante sua circunstância; e, de outro lado, do papel transformador que pode exercer dentro do ensino, trazendo-o para a realidade do estudante e não submetendo este último a um ambiente rarefeito do qual foi suprimida toda a referência concreta.

De acordo com Zilberman (1981), para que a literatura infantil possa se converter nesse elemento transformador, o enfoque dado a ela não pode ser outro senão o estético e o que rompe com o compromisso com a pedagogia e com a doutrinação.

Também no mesmo ano de publicação de *Literatura infantil na escola*, em 1981, Regina Zilberman teve publicado outro livro em coautoria com a professora e pesquisadora Lígia Cadermatori Magalhães. Trata-se de *Literatura infantil*: autoritarismo e emancipação, que é composto por cinco ensaios.

Nesse livro, Zilberman e Magalhães (1981, p.1) abordam aspectos da história da constituição da literatura infantil como gênero literário, apresentam reflexões sobre o lugar da literatura infantil na vida da criança e, por meio da análise de um conjunto de livros *de* literatura infantil, analisam os "laços ideológicos que a prendem à estrutura familiar e escolar".

Assim como consta no outro livro de Zilberman de 1981, em *Literatura infantil*: autoritarismo e emancipação Zilberman e Magalhães (1981) compreendem que a constituição da literatura infantil está diretamente relacionada à ascensão da família burguesa e ao novo *status* concedido à infância.

Para as autoras, a literatura infantil tornou-se instrumento de educação porque era, antes de tudo, um problema pedagógico e não literário, porém, em contrapartida a essa situação, compreensível se estudarmos a história desse gênero, a literatura infantil faz-se importante na formação do leitor não porque transmite ensinamentos morais, mas porque possibilita ao leitor o desenvolvimento de suas capacidades intelectuais.

Com base nessas considerações, Zilberman e Magalhães (1981) analisaram um conjunto de livros *de* literatura infantil para tentar compreender a relação literatura infantil e tradição pedagógica, a noção de sujeito, a estética da recepção, a representação da criança, a transmissão de normas e rupturas, a fantasia e a exemplaridade e a fantasia e a realidade. Com base nisso e na tentativa de redimensionar os problemas da literatura infantil a partir de suas próprias particularidades, Zilberman e Magalhães concluem que a literatura infantil é, antes de tudo, "expressão de arte", e como tal deve ser entendida.

Em 1984, as professoras e pesquisadoras Marisa Lajolo e Regina Zilberman, considerando ser a década de 1980 um momento oportuno para um balanço da produção brasileira de livros *de* literatura infantil, tiveram publicado o livro *Literatura infantil brasileira*: história & histórias, no qual abordam, do ponto de vista da produção e tentando estabelecer uma relação com outros objetos culturais, a história da literatura infantil brasileira, desde a sua constituição, na República Velha, no século XIX, até o início da década de 1980, momento de expansão da indústria cultural.

Para analisar o "percurso" histórico da literatura infantil brasileira, Lajolo e Zilberman (1984) buscaram analisar a produção *de* literatura infantil contrapondo-a com a "não infantil", pois ambas compartilham da mesma natureza simbólica: a linguagem.

Para Lajolo e Zilberman (1984), as relações existentes entre literatura infantil e "não infantil" são marcadas pela marginalização da primeira em relação à segunda, de modo que a menoridade do público ao qual se destina a literatura infantil significasse a também menoridade dela como produção cultural. Além disso, Lajolo e Zilberman (1984, p. 11) ressaltam que:

> Se esse contraponto não é comum, isto é, se todas as histórias literárias brasileiras até agora deixaram de incluir em seu campo de estudo a literatura infantil, nunca é demais frisar o peso circunstancial que o adjetivo *infantil* traz para a expressão literária infantil. Ele define a distinção da obra; essa distinção, no entanto, não pode interferir no literário do texto.

Após a análise da produção *de* literatura infantil com base na sua relação com a literatura "não infantil", Lajolo e Zilberman (1984, p. 67) agruparam os textos dessa produção em quatro "ciclos", caracterizados pela relação que estabelecem com o seu contexto histórico, sobretudo com a cultura brasileira, e concluem que em seus cem anos de história a literatura infantil:

> [...] funda um universo imaginário peculiar que se encaminha em duas direções principais. De um lado, reproduz e interpreta a sociedade na-

cional, avaliando o processo acelerado de modernização [...] De outro lado, dá margem às manifestações do mundo infantil, que se aloja melhor na fantasia, e não na sociedade, opção que sugere uma resposta à marginalização a que o meio empurra a criança. De um modo ou de outro, enraíza-se uma tradição – a de proposição de um universo inventado, fruto, sobretudo da imaginação, ainda quando esta em um fundamento social e político.

Sintonizada com um clima de época, característico do momento de abertura política do Brasil, no ano 1985, a professora e pesquisadora Fúlvia Rosemberg teve publicado *Literatura infantil e ideologia*, que consiste numa coletânea de trabalhos publicados entre 1975 e 1980 em decorrência do desenvolvimento da pesquisa *Análise dos modelos culturais na literatura infanto-juvenil brasileira*, coordenado junto a Fundação Carlos Chagas.

Com o objetivo de contribuir para a compreensão do significado social da noção de criança, Rosemberg (1985) analisou o conteúdo de mais de uma centena de livros para tentar compreender como se dá a relação adulto-criança implicada e veiculada pela literatura infantojuvenil.

Por meio do conceito de ideologia, entendido como a reprodução das relações de poder e de produção vigentes, Rosemberg (1985, p.49) aponta que o livro de literatura infantil "se apresenta como um produto cuja feitura é guiada por objetivos que parecem exteriores à criança [...]" e, por isso, esses livros assumem a função de código de ética, normatizando todos os aspectos da vida, sendo a existência desses livros determinada pela tese de que vão demonstrar situações e contextos das crianças. Além disso, a literatura infantil é orientada pelo "princípio do Bem", o que transforma o gênero enfadonho, e sua própria produção é indicativo da relação assimétrica que representa a comunicação "para" as crianças e não "entre" elas.

Rosemberg (1985) conclui que a análise realizada permite afirmar que há uma contradição aparente na produção de livros de literatura infantil, pois eles apresentam, ao mesmo tempo, o aspecto "educativo" e "deseducativo", como uma proposta de modelo negada. Assim,

A dupla moralidade que propõe é, pelo menos isomorfa aos padrões culturais e às relações de poder dominantes [...] remete a relação de dominação adulto-criança; na medida em que produzida por brancos de classe média e destinada a brancos de classe média, mantém a relação de dominação entre essas categorias sociais. (Rosemberg, 1985, p.103)

Publicado um ano após o livro de Fúlvia Rosemberg, em 1986, o livro *O texto sedutor na literatura infantil*, do professor, pesquisador e crítico Edmir Perrotti foi apresentado originalmente sob a forma de dissertação de mestrado, junto à Escola de Comunicações e Artes, da Universidade de São Paulo.

Com o objetivo de analisar o surgimento de uma nova tendência discursiva a partir da década de 1970 no que se refere à literatura infantil, com base na "literariedade" dos textos, Perrotti (1986) afirma que, desde o surgimento da literatura infantil, predominava uma concepção "utilitária" desse gênero, que não busca a realidade da criança, mas a transmissão de uma verdade.

Visto isso o problema que nos fica é o de que a literatura para crianças e jovens não se satisfaz com a tradição da arte concebida enquanto instrumento apenas em um de seus níveis, mas, exagerando a tradição, reduziu-se a isso, fazendo do contingencial, estrutural e da literatura, propaganda, ao buscar apenas o exortivo, o edificante, o didático, ao realizar obras que, no dizer de Elliot, antes de mais nada, tentam "convencer o leitor de determinado ponto de vista do autor". (Perrotti, 1986, p.38)

Segundo Perrotti (1986), a crise do "utilitarismo" da literatura infantil inicia-se somente na década de 1970, quando um grupo de "lúcidos" escritores passou a ter publicados livros que rompem com a estética vigente, até então, e retoma a perspectiva lobatiana de literatura infantil. Ainda segundo Perrotti (1986), o livro que marca essa crise do utilitarismo é *O caneco de prata*, de João Carlos Marinho Silva, publicado em 1971.

Embora a "geração de 70" tenha representado a crise do "utilitarismo" na literatura infantil, para Perrotti (1986), alguns dos autores

156 FERNANDO RODRIGUES DE OLIVEIRA

desse momento histórico vincularam aos seus textos questionamento em relação à sociedade burguesa com padrões discursivos idênticos aos utilizados pela tradição da literatura infantil brasileira, configurando-se isso, portanto, como um "utilitarismo às avessas".

Ao concluir a sua análise, Perrotti (1986) afirma que, com a ruptura do "utilitarismo" na literatura infantil e a compreensão do papel coercitivo desse discurso, entende-se a importância do discurso estético, que é condizente com aspirações de liberdade e de participação democrática do leitor. Segundo Perrotti (1986, p.153), "somente o discurso estético, dado o seu caráter de 'escritura', mostrou-se, desde sempre, capaz de, ao mesmo tempo, conter interesses históricos e de transcendê-los".

Ainda na década de 1980, associadamente ao processo de abertura política do país e de denúncia dos problemas da educação, a professora e pesquisadora Maria do Rosário Mortatti Magnani, em 1989, teve publicado o livro *Leitura, literatura e escola*: sobre a formação do gosto, resultante de dissertação de mestrado, que defendeu junto à Faculdade de Educação da Unicamp, e no qual buscou investigar as relações entre leitura, literatura e escola, do ponto de vista da formação do gosto estético.

Partindo da compreensão de que a escola caracteriza-se como uma das "instâncias deliberativas e executivas na institucionalização do 'literário', atuando na formação do gosto, que gerará e moldará as necessidades do mercado da leitura", Magnani (1989, p.2) fez levantamento, em 1984, dos livros mais frequentemente lidos pelos alunos de 5ª a 8ª séries do 1° grau da região de Campinas (SP) e, a partir disso, selecionou os três livros que eram mais lidos dentro do conjunto reunido para analisar os aspectos "intratextuais", "extratextuais" e "intertextuais" deles. São eles: *A ilha perdida* (1946), de Maria José Dupré; *Aventuras de Xisto* (1957), de Lúcia M. de Almeida; e *O mistério do cinco estrelas* (1981), de Marcos Rey.

Por meio da análise dos livros selecionados, Magnani (1989, p.95) os considerou exemplos da "trivialização" da literatura infantil e juvenil, em decorrência dos "clichês e automatismos em todos os níveis, que buscam repetições dos códigos, a fixação de um conjunto sistemático de normas", o que em nada contribui para a formação do gosto estético. Além disso, se a escola é o lugar por excelência do contato com o livro, considerando a sua "trivialidade", o "imobilismo do professor é mais um fator que se acrescenta ao conjunto dos funcionamentos conformes" (ibidem, p.135).

Em vista do exposto, Magnani (1989) conclui que, ao aprender a ler, pode-se formar o gosto pela leitura literária de qualidade e pode-se formar o gosto estético e, por isso, o professor deve "interferir criticamente" nesse processo.

No ano 2000, o professor e pesquisar João Luís Cardoso Tápias Ceccantini, partindo da necessidade de estudos satisfatórios em relação à produção literária destinada ao público juvenil, defendeu a tese de doutorado *Uma estética da formação*: vinte anos de literatura juvenil brasileira premiada (1978-1997), na qual analisou obras de autores brasileiros lançadas no mercado editorial e premiadas, entre 1978 e 1997. Segundo Ceccantini (2000, p.23), embora haja um "esgotamento sistemático da questão do específico do juvenil [...]", a expressão "literatura juvenil" é recorrentemente utilizada em catálogos de editoras e circula entre professores, bibliotecas, guias de leituras e instituições legitimadoras, como a Câmara Brasileira do Livro, Fundação Nacional do Livro Infantil e Juvenil e Associação Paulista de Críticos de Arte, também responsáveis pela premiação de livros *de* literatura infantil e juvenil.

Por meio da análise dos livros selecionados, Ceccantini (2000, p.434) conclui que "embora tenha ocorrido uma série de opções tanto no nível temático quanto no formal, [...] isso na grande maioria das vezes não significou por parte do escritor abrir mão da esteticidade para apenas fazer cessões às leis do consumo e do mercado". Além disso, Ceccantini (2000) considera que essa conclusão permite afirmar que o *corpus* analisado constitui uma "estética da formação", e "estética" diz respeito à condição de arte dos livros analisados e "formação" diz respeito à busca de identidade do jovem, ao aspecto da "recepção" dos livros pelo público leitor (o "ser em formação") e à função de formação que difere da formação pedagógica.

As tendências na produção brasileira *sobre* literatura infantil

Por meio da análise dos textos sintetizados no tópico anterior, penso ser possível compreender as principais permanências e rupturas em relação à conceituação da literatura infantil e também em relação à compreensão de suas finalidades e funções.

Também por terem se tornado referência para outros autores, considero que esses textos que sintetizei sejam representativos de tendências da produção brasileira *sobre* literatura infantil, que se disseminaram ao longo do século XX, influenciando os escritores de literatura infantil e os professores e/ou pesquisadores que passaram a se dedicar ao estudo desse gênero literário.

Possivelmente em decorrência de a literatura infantil ter sua origem nos textos escolares e estar diretamente relacionada à constituição do modelo de escola republicana, a tendência que marca o aparecimento da produção sistematizada *sobre* literatura infantil é de que, embora reconhecido e valorizado o seu aspecto estético, ela é instrumento de educação e de formação do público leitor infantil, agindo como importante meio para a formação desse público. Nesse sentido, Lourenço Filho é, portanto, o precursor e disseminador dessa tendência, como aponta Bertoletti (2006).

Embora os textos posteriores aos de Lourenço Filho (1943) possam apresentar aspectos que avancem em relação ao conceito de literatura infantil apresentado por ele, parece que a compreensão de que a literatura infantil é marcada pelos aspectos "formativo" e "utilitário" inter-relacionados ao "estético" caracteriza grande parte da produção *sobre* o gênero no Brasil, não tendo sido publicado, pelo menos até a década de 1970, nenhum outro texto que rompa com o posicionamento apresentado por Lourenço Filho, no artigo de 1943.

Mesmo em textos de autores como Cecília Meireles, que a "condição de poeta e professora, lhe permite pensar e praticar a relação 'equilibrada' entre o 'agradável e o útil' nos textos de literatura infantil" (Mortatti, 2008a, p.46), ou, ainda, de Fernando de Azevedo, que estava preocupado com as questões sociológicas relativas à literatura infantil, é possível identificar a influência do pensamento *sobre* literatura infantil disseminada por Lourenço Filho.

Como afirma Bertoletti (2006), esse autor, ao tematizar, pioneiramente, a literatura infantil, do modo como o fez, é fundador de uma tradição, que, mesmo silenciada no presente, ainda exerce influência na produção *sobre* literatura infantil até os dias atuais, dada sua força e importância. Ainda segundo Bertoletti (2006, p.221), a produção *sobre* literatura infantil que sucedeu o de Lourenço Filho apresenta as mesmas preocupações apontadas por ele, no artigo de 1943 e, por vezes, até reitera os dados por ele organizados.

Um aspecto que penso merecer destaque em relação a essa tendência disseminada por Lourenço Filho (1943) é a presença de conceitos da psicologia para a compreensão das finalidades e funções da literatura infantil, sobretudo da necessidade de adequação dos livros aos estágios do desenvolvimento psicológico da criança. Exemplo disso é o livro de Nelly Novaes Coelho, publicado em 1981, e no qual a autora, ao defender que a literatura infantil pertence, simultaneamente, à literatura e a pedagogia, utiliza-se de conceitos da psicologia Experimental para apresentar qual tipo de livro é mais adequado para cada "estágio psicológico" da criança.

Para além da influencia do pensamento de Lourenço Filho, penso que também merece destaque um aspecto do pensamento *sobre* literatura infantil de Cecília Meireles (1951). Embora a compreensão da relação entre o "útil" e o "agradável" possa estar presente no seu pensamento *sobre* literatura infantil, Cecília Meireles pode ser considerada pioneira na proposição do conceito do que constitui o acervo de livros *de* literatura infantil. Segundo Cecília Meireles, somente depois de passar pelo crivo de leitura da criança um texto pode ser classificado, ou não, como literatura infantil. Nesse sentido, essa autora é a primeira a não fazer distinção entre a literatura infantil e a "Literatura Geral", pois, para ela, tudo é uma literatura só, e a criança é quem escolhe aquilo que faz parte do seu repertório de leituras.

A partir da década de 1980, considero que essa tendência disseminada pelo pensamento de Lourenço Filho (1943) passa por um processo

160 FERNANDO RODRIGUES DE OLIVEIRA

de ruptura, pois nesse momento alguns autores passaram a pensar a literatura infantil a partir de um ponto de vista ainda não comum, o da teoria e crítica literárias.

Como exemplo dessa ruptura, tem-se o livro da professora e pesquisadora Regina Zilberman (1981), que ao propor a análise da relação entre literatura infantil e escola a partir de referencial teórico alemão, entende que escola e literatura infantil não se identificam, pois a escola é lugar de clausura e de transmissão da ideologia dominante e a literatura infantil, por sua condição de arte, é meio para extravasar e refletir. No entanto, isso não significa que a literatura infantil, por medida de precaução, deve ser banida da escola, pelo contrário, é por meio dela que se pode possibilitar a superação desse "enclausuramento".

Também o livro de Marisa Lajolo e Regina Zilberman (1984) é indicativo de certa ruptura com os textos anteriores, pois ao pensarem a história da literatura infantil brasileira, não buscaram compreender a sua origem, como Arroyo (1968), mas buscaram compreender, na relação entre livro e contexto, em que momento histórico a literatura infantil alcançou a sua "literariedade" e se equiparou a literatura "não infantil".

De acordo com Ceccantini (2004, p.30), o livro de Lajolo e Zilberman (1984), pode ser considerado divisor de águas, pois "apresenta uma visão original de nossa produção do gênero, segundo um enfoque simultaneamente histórico e estético [...]".

De um ponto de vista diferente desses e dos demais da década de 1980, que buscam compreender a literatura infantil a partir de aspectos intrínsecos a ela, penso que o livro de Fúlvia Rosemberg (1985) também marca uma tendência nas pesquisas e estudos *sobre* literatura infantil, a de analisar as formas de representação da ideologia dominante no conteúdo dos livros *de* literatura infantil.

Essa perspectiva de Fúlvia Rosemberg (1985) parece ter se tornado recorrente em pesquisas acadêmico-científicas de diferentes áreas do conhecimento, nas quais os autores analisam as formas de representação, por exemplo, do negro, e das relações de gênero (masculino e feminino), na literatura infantil.

Ainda sobre a produção da década de 1980, destaco, também, os de Perrotti (1986) e Magnani (1989), que, embora não caracterizem rupturas em relação aos de Zilberman (1981) e Lajolo e Zilberman (1984), no sentido de ruptura que esses significam em relação aos publicados até a década de 1970, esses autores apresentam reflexões que possibilitam ampliar as possibilidades de análise da literatura infantil e do seu entendimento a partir, sobretudo, de sua "esteticidade". No caso de Perrotti (1986), a sua experiência como crítico literário caracteriza e enriquece a sua forma de análise e, no caso de Magnani (1989), que, para entender a relação entre escola e a formação do gosto estético, propõe um modo de análise interdisciplinar com base nos aspectos "intratextuais", "extratextuais" e "intertextuais" do livro.

Também a tese de doutorado de Ceccantini, defendida em 2000, na qual o autor também dialoga com a perspectiva da "literariedade", merece destaque, na medida em que quase inexistiam (ou ainda inexistem) pesquisas voltadas para os livros de literatura juvenil.

Apesar da minha ênfase de que os textos sintetizados nesse capítulo sejam representativos de tendências identificáveis na produção brasileira *sobre* literatura infantil e que ao longo da história dessa produção é possível identificar, também, permanências e rupturas, não significa que esses livros divergem entre si. Na realidade, considerando-se as diferentes concepções, vertentes teóricas e formas de análise utilizadas pelos diferentes sujeitos dessa produção, entendo que esses textos dialogam entre si, numa perspectiva muito mais de retomada e ampliação, do que a de contraposição radical ou negação do já produzido. Além disso, na tentativa de compreender as principais tendências presentes na produção *sobre* literatura infantil, penso que, ao longo de sua história, a literatura infantil foi ora pensada a partir de aspectos exteriores a elas e ora a partir de aspectos inerentes a ela, ou ainda, numa tentativa de conciliação dessas duas perspectivas.

Relações possíveis

Consciente de que o lugar de onde Bárbara V. de Carvalho produz *Compêndio de literatura infantil* seja diferente dos autores dos textos que apresentei neste capítulo e que esse compêndio tenha sido escrito com objetivo diferente desses textos, penso ser importante tentar compreender o lugar que o compêndio de Bárbara V. de Carvalho ocupa no âmbito da produção brasileira *sobre* literatura infantil e como ele se relaciona com essa produção teórica.

De acordo com Chevallard (1995 apud Monteiro, 2001), o processo de elaboração de um compêndio ou manual de ensino, que consiste na sistematização e adaptação do conhecimento teórico formulado por outros autores, é denominado de "transposição didática", ou seja, o processo de transformação do conhecimento teórico, de referência científica, em conhecimento e procedimentos de ensino.

Ainda segundo Chevallard (1995 apud Monteiro, 2001), a "transposição didática" não é um processo realizado pelos professores em sala de aula, mas pelos "técnicos" que atuam na esfera do conhecimento, mesmo quando esses professores adaptam ou redirecionam o conhecimento "transposto didaticamente" ao qual têm acesso, para adequação a realidades específicas, eles o fazem em âmbito limitado, o desse conhecimento já "transposto didaticamente".

Um aspecto que penso ser importante para pensar como Bárbara V. de Carvalho elabora *Compêndio de literatura infantil* é o de que, logo que literatura infantil foi instituída como disciplina dos cursos normais paulistas, em 1957, no artigo que ela teve publicado no jornal *A Gazeta*, de São Paulo, ela defendia a ideia de que não havia motivos para os professores se preocuparem com o ensino da literatura infantil nem com a necessidade de "tratados" para ministrar essas aulas, pois, embora a bibliografia brasileira sobre o assunto fosse escassa, havia disponível, à época, bibliografia teórica sobre literatura infantil em língua francesa e espanhola, que segundo ela, era acessível aos professores de línguas.

Apesar dessas considerações, no ano de 1959, Bárbara V. de Carvalho teve publicado *Compêndio de literatura infantil*, no qual afirma que:

Num livro escolar, como é este, apresentamos um programa que traga uma visão panorâmica do assunto, a fim de orientar os alunos para as suas aulas e o desenvolvimento de suas teses. Não pretendemos fazer outra cousa, senão *oferecer-lhes material, sistematizado e condensado*, para facilitar-lhes o estudo, cabendo, então, ao professor, orientá-los e dirigi--los. (Carvalho, 1959, p.6, grifo meu)

Para poder "oferecer material sistematizado e condensado", sobre literatura infantil e para os professorandos, Bárbara V. de Carvalho apropriou-se do conhecimento veiculado em livros teóricos *sobre* literatura infantil em língua francesa e espanhola, que estão relacionados na bibliografia de *Compêndio de literatura infantil*, e estruturou, organizou e divulgou esse conhecimento de forma didática.

Nesse sentido, penso que a relação que *Compêndio de literatura infantil* estabelece com os textos que apresentei neste capítulo, não é o de produzir uma teoria que dialoga com eles no sentido de análise interpretativa, de base científica, que tenta explicar e compreender o fenômeno "literatura infantil". Penso que o objetivo do compêndio de Bárbara V. de Carvalho é divulgar aos professorandos, de forma didática, o conhecimento teórico disponível sobre o assunto, no sentido de orientá-los no trabalho com a literatura infantil.

Especificamente em relação ao modo como *Compêndio de literatura infantil* se relaciona com a produção brasileira *sobre* literatura infantil, entendo, ainda, que ele não funda um modo específico de se pensar a literatura infantil, pois, assim como a grande maioria dos textos que foram publicados até a década de 1970, a concepção de literatura infantil de Bárbara V. de Carvalho está pautada pela ideia de que a literatura infantil é instrumento "agradável" para a formação e instrução da criança, tendência essa, que considero ter sido disseminada por Lourenço Filho, no caso brasileiro.

Ainda sobre essa relação possível entre a produção brasileira *sobre* literatura infantil e o compêndio de Bárbara V. de Carvalho, considero que, mesmo tendo sido o referencial utilizado por ela majoritariamente estrangeiro e a base de sua concepção de literatura infantil estar baseada, principalmente, nas ideias do pesquisador uruguaio Jesualdo

Sosa,[1] autor do livro *La literatura infantil*, publicado pela primeira vez em 1944, no Uruguai, considero que a tradição fundada por Lourenço Filho está, de certa forma, presente em *Compêndio de literatura infantil*. Assim como Lourenço Filho defendia a ideia de formação do "homem futuro" e de "boas letras" como uma das finalidades da literatura infantil, Bárbara V. de Carvalho (1959) justifica o ensino da literatura infantil com uma idéia muito próxima a essa:

> Então, a função primordial do estudo da literatura infanto-juvenil é conseguir despertar na criança e no adolescente o prazer da leitura, é iniciá-los na cultura, de modo atraente, para dar-lhes a devida formação. Concluindo, estudem a Literatura Infantil por amor de seus alunos pensando neles, visando a eles. (Carvalho, 1959, p.6)

Apesar dessa relação que penso existir entre a produção de Lourenço Filho *sobre* literatura infantil e o compêndio de Bárbara V. de Carvalho, ressalto que os textos desse autor não integram a bibliografia de nenhuma das edições desse compêndio. Porém, presumo que, por eles terem sido contemporâneos, por ter sido Lourenço Filho autor do "anteprojeto" de literatura infantil que serviu de base para a elaboração do programa de ensino da disciplina "Literatura infantil", por ele ter ocupado importantes cargos na administração do magistério público paulista no momento em que Bárbara V. de Carvalho atuava como professora no estado de São Paulo e por ser ele um dos principais disseminadores das ideias escolanovista, considero que, direta ou indiretamente, o pensamento de Lourenço Filho tornou-se referência para Bárbara V. de Carvalho, influenciando, ainda que inconscientemente, o seu pensamento *sobre* literatura infantil.

---

1 Jesualdo Sosa nasceu na cidade de Tacuarendó, no Uruguai, em 1905, e faleceu em Montevidéu em 1982. Formado professor pelo Instituto Normal para Varones, em Montevidéu, Jesualdo atuou como professor em cidades do interior e na capital do Uruguai, além de ter atuado entre os anos 1940 e 1943 no México. Ao longo de sua atuação profissional, Jesualdo teve publicados artigos e livros sobre educação e teve publicado, em 1944, o livro *La literatura infantil,* que foi traduzido por James Amado para o português e publicado no Brasil em 1978.

À GUISA DE CONCLUSÃO: O PIONEIRISMO DE BÁRBARA V. DE CARVALHO NO ENSINO DA LITERATURA INFANTIL NO BRASIL

Nascida na cidade de Salvador, no início do século XX e tendo se formado professora no momento histórico de disseminação das ideias "renovadoras" em educação, Bárbara V. de Carvalho, ainda que pertencesse a um núcleo familiar de condições financeiras limitadas, como afirma Carvalho (2010), integrou uma parte da população brasileira extremamente privilegiada, sobretudo no início do século XX, quando apenas uma parcela dessa população frequentava a escola primária, e uma parcela ainda menor frequentava Cursos Normais e/ou cursos de licenciatura e bacharelado.

Nesse sentido, é possível compreender que ao longo de sua infância e juventude ela tenha vivenciado condições de vida pouco comuns à maior parte da população brasileira da época, o que lhe proporcionou uma formação cultural também bastante diferencia, sobretudo ao cursar a Escola Normal e a graduação em letras neolatinas. Foi a partir dessa formação que teve os seus primeiros contatos teóricos e práticos com questões, como, teoria literária, especificidade do ensino de língua e literatura e o estudo de línguas estrangeiras (francês e espanhol), que a possibilitou conhecer e ler livros *sobre* literatura infantil em outras línguas, os quais utilizou como referencial teórico dos textos que teve publicados.

Após mudar-se para São Paulo, as relações que passou a estabelecer morando e atuando nessa cidade, a vivência no meio escolar, como professora e ocupando cargos administrativos, sua atuação como professora universitária e, especialmente, a publicação de *Compêndio de literatura infantil*, foram dando a ela um lugar importante em meio aos professores e intelectuais da época. Por essa razão, sua atuação foi reconhecida por professores de destaque da época, como Antônio D'Ávila e Nelly Novaes Coelho.

Também na medida em que a sua atuação como professora e estudiosa da literatura infantil foi se consolidando, Bárbara V. de Carvalho passou a ter maior número de livros publicados, especialmente os *de* literatura infantil, o que permitiu que ela assumisse também o *status* de escritora e poetisa.

Por isso, compreende-se que as relações que estabeleceu, articuladamente ao conhecimento teórico com o qual teve contato durante a sua formação inicial como professora no Curso Normal e no curso de Letras, possibilitaram a Bárbara V. de Carvalho formular uma concepção de literatura que teve os seus desdobramentos na concepção de literatura infantil e de ensino da literatura infantil, contida em seus diferentes textos *sobre* esse gênero.

Na mesma medida em que recebeu influências em sua formação e atuação, a sua condição de professora, responsável pela formação de outros, a circulação de suas ideias por meio de seus textos escritos e sua atuação em cargos administrativos também foram formas de Bárbara V. de Carvalho exercer influência na formação de diferentes gerações de professores e de crianças que, em fase de escolarização, tiveram contato com seus livros *de* literatura infantil e/ou seus livros didáticos.

Além disso, embora Bárbara V. de Carvalho não tenha antecipado nenhuma tendência teórica e seu compêndio se caracterize pela divulgação do conhecimento teórico produzido por outros, ele "funcionou" como teorização da literatura infantil, disseminando uma concepção de literatura infantil característica das urgências e necessidades educacionais de sua época, a qual ainda se faz presente nos dias atuais nas discussões sobre literatura infantil, mesmo que de forma não hegemônica.

Em vista do exposto, considero que o pioneirismo dessa professora e escritora baiana consiste na sua contribuição direta na história do ensino da literatura infantil e no processo de constituição da literatura infantil como disciplina dos cursos de formação de professores no estado de São Paulo. Seu pioneirismo se deu pelas "tematizações" que fez por meio de palestras, conferências e cursos que ministrou, por sua participação na equipe que reformulou o programa de língua portuguesa e a partir do qual literatura infantil foi instituída como disciplina e pela "concretização" de sua proposta para o ensino da literatura infantil contida em *Compêndio de literatura infantil*, que se tornou base para os demais autores de manuais de ensino e contribuiu para a sistematização de um corpo de conhecimento relativo ao ensino da literatura infantil considerado necessário à formação do professor primário.

Por fim, penso serem inestimáveis as contribuições dessa professora e escritora baiana no âmbito do ensino da literatura infantil, no Brasil, e, ainda que não concordemos com o seu posicionamento ante esse ensino, negar o seu pioneirismo e sua contribuição é negar uma das várias facetas que constituem a complexidade do fenômeno "literatura infantil" neste país.

.

Referências bibliográficas

A ESCRITORA e professora Bárbara Vasconcelos de Carvalho. S.n., s.l., s.p., 28 abr. 1975.

ABRAMOVICH, F. *Literatura infantil*: gostosuras e bobices. São Paulo: Scipione, 1989.

ACADEMIA BAIANA DE EDUCAÇÃO. Quem somos. Salvador. [S.d.] Disponível em: <http://www.abeduc.org.br/abeduc/quem.php>. Acesso em: 12 abr. 2010.

AGUIAR, V. T. de; MARTHA, A. Á. P. (Org.). *Diálogos de Sevilha*: literatura e leitores. Porto Alegre: Nova Prova, 2008a.

_____. Leitura e literatura infantil e juvenil: congresso de ideias. *Letras de Hoje*, v.2, p.3-5, 2008b.

ALMEIDA, J. S. de. A escola normal paulista: estudo dos currículos (1846 a 1990) destaque para a prática de ensino. *Boletim do Departamento de didática*, Araraquara, ano XI, n.9, 1993.

ANDRADE, T. C. de. A Arte de escrever para a infância. In: OLIVEIRA, A. S. de. (Org.). *Curso de literatura infantil*. São Paulo: Santos de Oliveira, [1958]. p.39-55.

ANDRADE, J. *Ofício de agradecimento*. São Paulo: Departamento de Educação, 8 maio 1969. (Documento datilografado).

ARAÚJO, M. M. et al. Considerações sobre a Escola Normal e a formação do professor primário no Rio Grande do Norte (1839-1938). In: ARAÚJO, J. C. S. et al. *As escolas normais no Brasil*: do Império à República. Campinas: Alínea, 2008.

170 FERNANDO RODRIGUES DE OLIVEIRA

ARROYO, L. *Literatura infantil brasileira*: ensaio de preliminares para a sua história e suas fontes. São Paulo: Melhoramentos, 1968.

ASSOCIAÇÃO BRASILEIRA DE NORMAS TÉCNICAS. *Norma Brasileira de Referências* (NBR-6023). Rio de Janeiro, 2002.

ATICA. *Momentos do livro no Brasil*. São Paulo: Ática, 1998.

AZEVEDO, F. A literatura infantil numa perspectiva sociológica. *Sociologia* – (Escola de sociologia e Política), v.XIV, n.1, mar. 1952.

_____. O manifesto dos pioneiros da educação nova (1932). *Revista HISTED-BR*. Campinas, n. esp., p.188-204, ago. 2006.

BAKHTIN, M. *Marxismo e filosofia da linguagem*. 13.ed. Trad. Michel Lahud e Yara Vieira. São Paulo: Hucitec, 2009.

BÁRBARA é bárbara mesmo. *Ultima Hora*, s.l., s.p., 4 jan. 1972.

BARBOSA, M. de A. *Atesto...* Salvador, 30 dez. 1948. (Documento manuscrito)

BASTOS, M. H. C. Uma biografia dos manuais de História da Educação adotados no Brasil (1860-1950). In: CONGRESSO LUSO-BRASILEIRO DE HISTÓRIA DA EDUCAÇÃO, 6. 2006. *Anais eletrônicos...* Uberlândia, UFU, 2006.

BELINKY, T. Apresentação. In: CARVALHO, B. V. de. *A literatura infantil*: visão histórica e crítica. 2.ed. Rio de Janeiro: Edart, 1982.

_____. Prefácio. In: CARVALHO, B.V. de. *Bem me quer*. Salvador: Egba, 2003.

BENJAMIN, W. *Magia e técnica, arte e política*: ensaios sobre literatura e história da cultura. Trad. Sérgio Paulo Rouanet. São Paulo: Brasiliense, 1994.

BELLOTTO, H. L. *Arquivos permanentes*: tratamento documental. São Paulo: T. A. Queiroz, 1991.

_____. Os instrumentos de pesquisa no processo historiográfico. In: CONGRESSO BRASILEIRO DE ARQUIVOLOGIA, 4, 1979, *Anais...*, p.133-47.

BERTOLETTI, E. N. M. *A produção de Lourenço Filho sobre e de literatura infantil e juvenil (1942-1968)*: fundação de uma tradição. Marília, 2006. 275f. Tese (Doutorado em Educação) – Faculdade de Filosofia e Ciências, Universidade Estadual Paulista "Júlio de Mesquita Filho".

BITTENCOURT, C. M. F. Autores e editores de compêndios e livros de leitura (1810-1910). *Educação e Pesquisa*, São Paulo, v.30, n.3, p.475-91, set./dez. 2004.

BOTO, C. Nova história e seus velhos dilemas. *Revista Usp*, São Paulo, n.23, p.23-33, set.-nov. 1994. Trimestral.

BOURDIEU, P. *Coisas ditas*. São Paulo: Brasiliense, 1990.

BUDIN, J. *Metodologia da linguagem*: para uso das escolas normais e institutos de educação. São Paulo: Companhia Editora Nacional, 1949.

BUENO, A. H. C. *Carta de recomendação.* São Paulo, 21 fev. 1975. (Documento datilografado)

CARDOSO, M. *Estudos de literatura infantil.* São Paulo: Editora do Brasil, 1991.

CARNEIRO, O. L. *Metodologia da linguagem.* Rio de Janeiro: Agir, 1951.

CARRADORE, H. P. *Thales de Andrade:* uma história verdadeira. Piracicaba: Editora Degaspari, 2004.

CARVALHO, B. V. de. *Nuvens.* São Paulo: Alarico, 1955.

_____. A literatura infantil na Escola Normal. *Gazeta de São Paulo.* São Paulo, 1957.

_____. *Compêndio da literatura infantil:* para o 3° ano normal. São Paulo: Companhia Editora Nacional, 1959.

_____. *O cancioneiro da criança.* São Paulo: Clássico Científica, 1960.

_____. *O folclore e a criança.* São Paulo: Difusora Cultural, 1961a.

_____. *Compêndio da literatura infantil:* para o 3° ano normal. 2.ed. São Paulo: Edições Leia, 1961b.

_____. *A gramática da criança:* é uma graça, veja!.. São Paulo: Lotus, 1969a.

_____. *Dicionário de conjugação de verbos.* São Paulo: Lótus, 1969b.

_____. *Pequeno dicionário de regência verbal.* São Paulo: Sociedade Brasileira de Material Escolar, 1971a.

_____. *Literatura e gramática da criança:* é uma graça, veja! (2° nível). 2.ed. São Paulo: Lotus, 1971b.

_____. *Antologia, comunicação e expressão:* 1ª série 1° grau. São Paulo: Edições Tabajaras, 1972a.

_____. *Antologia, comunicação e expressão:* 2ª série 1° grau. São Paulo: Edições Tabajaras, 1972b.

_____. *Antologia, comunicação e expressão:* 3ª série 1° grau. São Paulo: Edições Tabajaras, 1972c.

_____. *Antologia, comunicação e expressão:* 4ª série 1° grau, de acordo com a atual reforma do ensino e ortográfica. São Paulo: Edições Tabajaras, 1972d.

_____. *O saci e sua turma.* São Paulo: Editora Lótus, 1972e. (Livro em formato de quadro animadas em 3ª dimensão)

_____. *Apenas...* São Paulo: Lotus, 1972e.

_____. *Literatura infantil:* estudos. São Paulo: Lótus, 1973a.

_____. *O robozinho feio.* São Paulo: Lótus, 1973b.

_____. *A casinha-nuvem.* São Paulo: Lótus, 1973c.

_____. *É uma graça, Veja!* (primeiro livro). São Paulo: Lótus, 1974.

_____. *Árvore.* São Paulo: Paulinas, 1977.

_____. *A casinha da chaminé azul.* São Paulo: Melhoramentos, 1980a.

172 FERNANDO RODRIGUES DE OLIVEIRA

_____. *Os dois gatos*. São Paulo: Melhoramentos, 1980b.

_____. *Uma avenida na floresta*. São Paulo: Melhoramentos, 1980c.

_____. *O papagaio Tubiba*. São Paulo: Melhoramentos, 1980d.

_____. *O mãozinha*: conto juvenil. Salvador: Fundação Cultural do Livro, 1980e.

_____. *A literatura infantil*: visão histórica e crítica. 2.ed. Rio de Janeiro: Edart, 1982.

_____. *Het Bospad*. São Paulo: Melhoramentos, 1983a. (Edição Holandesa)

_____. *De papegaai tubiba*. São Paulo: Melhoramentos, 1983b. (Edição Holandesa)

_____. *Folclore, criança, fantasia*. São Paulo: Companhia Editora Nacional, 1985c.

_____. *A galinha contente*. 8.ed. São Paulo: Melhoramentos, 1990e.

_____. *Bem me quer*. Salvador: Egba, 2003.

_____. *Catassol*. Salvador, s.d.[a]. (digitado)

_____. *Vólia:* momentos. Salvador, s.d.[b]. (digitado)

_____. *Contos*. Salvador, s.d.[c]. (digitado)

_____. *Compêndio da literatura infantil*: para o 3° ano normal. 3.ed. São Paulo: Ibep, s.d.[d].

CARVALHO, B. V. de.; DANTAS, C. da S. *É uma graça, Veja!*: sugestões para o professor (pré-livro). São Paulo: Lótus, 1972a.

_____. *É uma graça, veja!* (pré-livro). São Paulo: Lótus, 1972b.

CARVALHO, C. V. de. *Entrevista*. Salvador, 2010. (digitado)

CARVALHO, M. M. C. de. *A escola e a República*. São Paulo: Brasiliense, 1989.

_____. A caixa de utensílios e o tratado: modelos pedagógicos, manuais de pedagogia e práticas de leitura de professores. In: CONGRESSO LUSO--BRASILEIRO DE HISTÓRIA DA EDUCAÇÃO, 4, 2006. *Anais eletrônicos...* Goiânia. UFGO, 2006. p.1-10.

_____. Uma biblioteca pedagógica francesa para a Escola Normal de São Paulo (1882): Livros de formação profissional e circulação de modelos culturais. In: BENCOSTTA, M. L. A. (Org.). *Culturas escolares, saberes e práticas educativas*. São Paulo: Cortez, 2007.

CASTRO, R. M. de. *O papel estratégico dos periódicos departamentais na organização das atividades acadêmico-científicas:* o caso das revistas da Faculdade de Filosofia, Ciências e Letras de Marília. Marília, 2005. Tese (Doutorado em Educação) – Faculdade de Filosofia e Ciências, Universidade Estadual Paulista.

CECCANTINI, J. L. C. T. *Uma estética da formação*: vinte anos de literatura juvenil brasileira premiada. Assis, 2000. 461f. Tese (Doutorado em Letras) – Faculdade de Ciências e Letras, Universidade Estadual Paulista "Júlio de Mesquita Filho".

_____. Perspectivas de pesquisa em literatura infanto-juvenil. In: ___. (Org.). *Leitura e literatura infanto-juvenil*: memória de Gramado. São Paulo: Cultura Acadêmica, 2004.

CHAMON, M. *Trajetória de feminização do magistério*: ambiguidades e conflitos. Belo Horizonte: Autêntica, 2005.

CHARTIER, R. *A história cultural*: entre práticas e representações. Trad. Maria M. Galhardo. Lisboa: Difel; Rio de Janeiro: Bertrand Brasil, 1990a.

_____. Educação. In: LE GOFF, J.; CHARTIER, R.; REVELS, J. *A nova história*. Trad. M. Arinto e R. Esteves. Coimbra: Almedina, 1990b. p.160-162.

_____. *A história ou a leitura do tempo*. Trad. Cristina Antunes. Belo Horizonte: Autêntica, 2009.

CHERVEL, A. História das disciplinas escolares: reflexões sobre um campo de pesquisa. Trad. Guacira Lopes Louro. *Teoria & Educação*. Porto Alegre, n.2, p.117-229, 1990.

COELHO, N. N. *O ensino da literatura*: sugestões metodológicas para o curso secundário e normal. São Paulo: FTD, 1966.

_____. *A literatura infantil*: história – teoria – análise. São Paulo: Quíron, 1981.

_____. *Dicionário crítico da literatura infantil e juvenil brasileira*. São Paulo: Quíron, 1983.

_____. *Dicionário crítico da literatura infantil e juvenil brasileira*. 5.ed. rev. atual. São Paulo: Cia. Editora Nacional, 2006.

COLÉGIO Nossa "Senhora da Soledade". *História*. Salvador. [s.d.] Disponível em: <http://www.colegiosoledade.com.br/historia.html>. Acesso em: 5 abr. 2010.

COSTA, A. R. Prefácio. CARVALHO, B. V. de. *O mãozinha*: conto juvenil. Salvador: Fundação Cultural do Livro. 1980.

CUNHA, M. A. A. *Como ensinar literatura infantil*: para os colégios normais. Belo Horizonte: Bernardo Álvares, 1968.

_____. *Literatura infantil*: teoria & prática. São Paulo: Ática, 1983.

CUNHA, M. V. A dupla natureza da Escola Nova: Psicologia e Ciências Sociais. *Cadernos de Pesquisa*, São Paulo, n.88, p.64-71, fev. 1994.

_____. *A escola dos educadores*: da Escola Nova à escola de hoje. Campinas: Mercado das Letras, 1995.

CUNHA, M. T. S.; FERNANDES, M. N. Manuais escolares e civilidade: Série de leitura graduada "Pedrinho" (décadas de 50 a 70 do século XX). *Cadernos de Pesquisa* – Pensamento Educacional, v.3, p.127-38, [s.d.].

D'ÁVILA, A. *Práticas escolares*: de acordo com o programa de prática do ensino do curso normal e com orientação do ensino primário. São Paulo: Saraiva, 1954. v.3, p.210-33.

_____. Literatura infanto-juvenil. *A gazeta*, São Paulo, s.p., jul. 1959.

_____. *Literatura infanto-juvenil*: de acordo com o programa das escolas normais. São Paulo: Editora do Brasil, 1961.

_____. Bárbara Vasconcelos de Carvalho: A literatura infantil. *O Anchieta*, São Paulo, p.3, maio-jul. 1983.

DANTAS, C. da S. Aspectos da literatura infantil na escola primária. In: OLIVEIRA, A. S. de. (Org.). *Curso de literatura infantil*. São Paulo: Santos de Oliveira, 1959, p.59-78.

_____. A descrição de um apelo. *A Tarde*, s.l., s.p., 10 out. 1980.

DANTAS, P. F. *Atesto...* Salvador, 28 dez. 1948. (documento manuscrito)

DEBUS, E. (Org.). *A literatura infantil e juvenil de língua portuguesa*: leituras do Brasil e d'além-mar. Blumenau: Nova Letra, 2008.

DIAS, A. de A. Influência da má literatura na infância e juventude. In: OLIVEIRA, A. S. de. (Org.). *Curso de literatura infantil*. São Paulo: Santos de Oliveira, 1958, p.81-93.

DICIONÁRIO DE TERMINOLOGIA ARQUIVÍSTICA. São Paulo: Associação dos Arquivistas Brasileiros; Secretaria de Estado da Cultura, 1996.

DONATO, H. O folclore – base da literatura infantil. In: OLIVEIRA, A. S. de. (Org.). *Curso de literatura infantil*. São Paulo: Santos de Oliveira, [1958]. p.145-69.

_____. *100 anos da Melhoramentos*: 1890-1990. São Paulo: Melhoramentos, 1990.

DUTRA, E. de F. Companhia Editora Nacional: tradição editorial e cultura nacional. In: SEMINÁRIO BRASILEIRO SOBRE LIVROS E HISTÓRIA NO BRASIL, 1, 2004, Rio de Janeiro: Disponível em: <http://www.livroehistoriaeditorial.pro.br/pdf/elianadutra.pdf.>. Acesso em: 25 jun. 2009.

EDUCADORA denuncia máfia na literatura infantil. *A Tarde*, Salvador, s.p., 30 abr. 1976.

ESCARPIT, D. ; VAGNÉ-LEBAS, M. *La littérature d´enfance et de jeneusse; état des lieux*. Paris: Hachette, 1988.

FARAH, T. J. F. *Prática da literatura infantil na escola primária*. São Paulo: Instituto Brasileiro de Edições Pedagógicas, [19--].

FÁVERO, M. de L. A. Anísio Teixeira e a Universidade do Distrito Federal. *Revista Brasileira de História da Educação*, n.17, p.161-80, maio-ago. 2008.

FOUCAULT, M. *O que é um autor*. 6.ed. São Paulo: Vega, 2006.

FRACCAROLI, L. C. Organização e funcionamento de uma biblioteca escolar. In: OLIVEIRA, A. S. de. (Org.). *Curso de literatura infantil*. São Paulo: Santos de Oliveira, 1958. p.119-42.

FUJIKI, N.; DALLALT, I. de S. L. Pequena bibliografia de literatura infantil. *Revista de Pedagogia*, ano XII, v.12, n.21, p.63-70, jan.- jun. 1966.

GALLUZZI, M. *Um estudo sobre* Metodologia da linguagem *(1955), de Orlando Leal Carneiro*. Marília, 2006. 73f. Monografia (Trabalho de Conclusão de Curso de Pedagogia) – Faculdade de Filosofia e Ciências, Universidade Estadual Paulista "Júlio de Mesquita Filho".

GAZETA, A. Magistério, São Paulo, p.18, 29 mai. 1957.

GINZBURG, C. *A micro-história* e outros ensaios. Trad. Antonio Narino. Lisboa: Difel, 1989.

GÓES, L. P. *Introdução à literatura infantil e juvenil*. São Paulo: Pioneira, 1984.

GOODSON, I. *Currículo:* teoria e história. 4.ed. Petrópolis: Vozes, 2001.

GOUVEIA, J. de. Teatro infantil. In: OLIVEIRA, A. S. de. (Org.). *Curso de literatura infantil*. São Paulo: Santos de Oliveira, 1958. p.97-115.

GVIRTZ, S. *Nuevas y viejas tendências em la docência:* 1945-1955. Buenos Aires: Aique, 1991.

HALLEWELL, L. *O livro no Brasil:* sua história. Trad. Maria da Penha Villalobos, Lólio Lourenço de Oliveira e Geraldo G. de Souza. 2.ed. rev. ampl. São Paulo: Editora da Universidade de São Paulo, 2005.

HOUAISS, A. De literatura infantil. In: ___. *Crítica avulsa*. Salvador. Universidade da Bahia, 1960.

_____. *Dicionário Houaiss de língua portuguesa*. Rio de Janeiro: Objetiva, 2001.

HUNT, P. *Criticism, theory & children's lirature*. Oxford; Cambridge: Blackwell, 1991.

JESUALDO. *La literatura infantil*. Buenos Aires: Editorial Losada, 1955.

_____. *A literatura infantil*. São Paulo: Cultrix; Edusp, 1978.

JORNADA NACIONAL DE LITERATURA. 13., 2009. Universidade de Passo Fundo, [s.d.]. Disponível em: <http://www.jornadadeliteratura. upf.br/2009/index.php?option=com_content&view=article&id=186:maria-antonieta-antunes-cunha&catid=9:autores&Itemid=32>. Acesso em: 31 ago. 2009.

JULIA, D. A cultura escolar como objeto histórico. *Revista Brasileira de História da Educação*. n.1, p.10-43, jan.-jun. 2001.

KASTNER, E. *O barão de Munchausen*. Adaptado por Bárbara Vasconcelos de Carvalho. São Paulo: Símbolo, 1971. 16p. (Série Textos animados, 2)

LABEGALINI, A. C. F. B. *A formação de professores alfabetizadores nos Institutos de Educação do estado de São Paulo* (1933 a 1975). Marília, 2005. 315f. Tese (Doutorado em Educação) – Faculdade de Filosofia e Ciências, Universidade Estadual Paulista "Júlio de Mesquita Filho".

LAJOLO, M.; CECCANTINI, J. L. (Org.). *Monteiro Lobato, livro a livro*. São Paulo: Editora Unesp, 2008.

LAJOLO, M.; ZILBERMAN, R. *Literatura infantil brasileira*: história & histórias. São Paulo: Ática, 1984.

LE GOFF, J. *História*: novas abordagens. Trad. Henrique Mesquita. Rio de Janeiro: Francisco Alves, 1976. p.132-43.

_____. *História e memória*. Trad. Bernardo Leitão. 5.ed. Campinas: Editora da Unicamp, 2003.

LITERATURA infantil, essa desconhecida. *Jornal da Bahia*. Salvador, s.p., 9 jun. 1975.

LOPES, E. M. T. J. Afrânio Peixoto. In: FÁVERO, M. de L. A.; BRITTO, J. M. *Dicionário de educadores no Brasil*: da colônia aos dias atuais. 2.ed. aum. Rio de Janeiro: Editora UFRJ, 2002. p.659-64.

LOPES, E. M. T. et al. (Org.). *500 anos de educação no Brasil*. 3.ed. Belo Horizonte: Autêntica, 2003.

LOURENÇO FILHO, M. B. Como aperfeiçoar a literatura infantil. *Revista Brasileira*, Rio de Janeiro, v.3, n.7, p.146-69, 1943.

_____. Literatura infantil e juvenil. In: CRUZ, J. M. *História da literatura*. 8.ed. São Paulo: Melhoramentos, 1957.

_____. *Introdução ao estudo da Escola Nova*. São Paulo: Melhoramentos, 1978.

MAGNANI, M. do R. M. *Leitura, literatura e escola*: sobre a formação do gosto. São Paulo: Martins Fontes, 1989.

_____. Entre a literatura e o ensino: um balanço das tematizações brasileiras (e assisenses) sobre literatura infantil e juvenil. *Miscelânea*, Assis, v.3, p.247-57, 1998.

MARINHO, M. *Atesto...* Salvador, 24 jan. 1949. Documento manuscrito.

MARTHA, A. A. P.; AGUIAR, V. T. de. (Org.). *Territórios da leitura:* da literatura aos leitores. São Paulo: Cultura Acadêmica; Assis: Anpe, 2006.

_____. A literatura infantil e juvenil: produção brasileira contemporânea. *Letras de Hoje*, v.2, p.17-35, 2008.

MEIRELES, C. *Problemas da literatura infantil*. Belo Horizonte: Imprensa Oficial, 1951.

MELLO, L. C. de. *Dicionário de autores paulistas*. São Paulo: Comissão do IV Centenário, 1954.

MELLO NETO, G. A. R. *O discurso especializado em literatura infanto-juvenil no Brasil na década de 50*: da criança mitificada à atitude política. São Paulo, 1988. 310f. Dissertação (Mestrado em Psicologia Social) – Pontifícia Universidade Católica.

———. O discurso especializado sobre literatura infanto-juvenil na década de 50. *Cadernos de Pesquisa*, p.17-28, fev. 1990.

MIRANDA, J. A. B. de; CASCAIS, A. F. A lição de Foucault. In: FOUCAULT, M. *O que é um autor*. 6.ed. São Paulo: Vega, 2006.

MONARCHA, C.; LOURENÇO FILHO, R. (Org.). *Por Lourenço Filho*: uma biobibliografia. Brasília: Instituto Nacional de Pesquisa Educacionais, 2001.

MONTEIRO, A. M. F. da C. *Professores*: entre saberes e práticas. *Educação & Sociedade*, v.22, n.74, p.121-42, abr. 2001.

MORTATTI, M. do R. L. Notas sobre linguagem, texto e pesquisa histórica em educação. *História da educação*. Pelotas, v.6, p.69-77, out. 1999.

———. Leitura crítica da literatura infantil. *Leitura: Teoria & Prática*, Campinas, ano 19, n.36, p.11-17, dez. 2000a.

———. *Os sentidos da alfabetização*: São Paulo/1876-1994. 1.ed. 2.reimp. São Paulo: Editora Unesp, 2000b.

———. *Ensino de língua e literatura no Brasil*: repertório documental republicano. Marília, 2003. (digitado)

———. Literatura infantil e/ou juvenil: "a prima" pobre da pesquisa em Letras? *Revista Guavira Letras*, Três Lagoas, n.6, p.43-52, 31 mar. 2008a. Disponível em: <http://www.ceul.ufms.br/guavira/guavira1.htm>.

———. Literatura e ensino: notas ¿quixotescas? da fronteira. *Leitura: Teoria & Prática*, Campinas, v.26, n.51, p.25-31, dez. 2008b.

———. Notas para uma história da formação do alfabetizador no Brasil. *Revista brasileira de estudos pedagógicos*, Brasília, v.89, p.467-76, 2008c. Também disponível em: <http://rbep.inep.gov.br/index.php/RBEP/article/viewFile/882/1152>.

NAGLE, J. *Educação e sociedade na Primeira República*. São Paulo: EPU; Rio de Janeiro: Fundação Nacional do Material Escolar, 1976.

NÓBREGA, D. Literatura infantil. *Diário Mercantil*, Juiz de Fora, s. n., s.p., 22 ago. 1961.

NÓVOA, A.; POPKEWITZ, T. S. *Reformas educativas e formação de professores*. Lisboa: Educa, 1992.

NUNES, C. Anísio Spínola Teixeira. In: FÁVERO, M. de L. A.; BRITO, J. de M. *Dicionário de educadores no Brasil*: da Colônia aos dias autuais. Rio de Janeiro: Editora UFRJ, 1999.

O MERLO. Adaptado por Bárbara Vasconcelos de Carvalho. São Paulo: Símbolo, 1971. 16p. (Série *Textos animados*, 3)

O NOVO conceito de livro infantil: menos fantasia e mais informações. Porto Alegre; p.35, 10 set. 1975.

OLIMPIA. *Carta*. Olímpia, 9 mai. 1959. (documento manuscrito)

OLIVEIRA, A. L. de. Ler: leitura e literatura. In: _____. *Ensino de língua e literatura*. Rio de Janeiro: Tempo Brasileiro, 1979. p.35-66.

OLIVEIRA, A. S. de. A literatura infantil através dos tempos. In: ___. (Org.). *Curso de literatura infantil*. São Paulo: Santos de Oliveira, 1958a. p.9-35.

_____. *Curso de literatura infantil*. São Paulo: Santos de Oliveira, 1958b.

OLIVEIRA, F. R. *Manuais de ensino de literatura infantil*: um instrumento de pesquisa. Marília, 2009a. (digitado)

_____. *Manuais de ensino de literatura infantil (1923-1991)*: autores, produção e circulação. Marília, 2009b. 101f. Trabalho de Conclusão de Curso (Graduação em Pedagogia) – Faculdade de Filosofia e Ciências, Universidade Estadual Paulista "Júlio de Mesquita Filho".

_____. *Bibliografia de e sobre Bárbara Vasconcelos de Carvalho*: um instrumento de pesquisa. Marília, 2010. (digitado)

_____. *O ensino da literatura infantil em Compêndio de literatura infantil: para o 3º ano normal (1959), de Bárbara Vasconcelos de Carvalho*. Marília, 2010. 247f. Dissertação (Mestrado em Educação) – Faculdade de Filosofia e Ciências, Universidade Estadual Paulista "Júlio de Mesquita Filho".

OLIVEIRA, M. H. C. de; MONTEIRO, C. P. Literatura infantil. In: ___. *Metodologia da linguagem*. São Paulo: Saraiva, 1980, p.123-37.

PAGNI, P. A. *Do manifesto de 1932 à construção de um saber pedagógico*: ensaiando um diálogo entre Fernando de Azevedo e Anísio Teixeira. Ijuí: Unijuí, 2000.

PAIVA, A.; SOARES, M. (Org.). *Literatura infantil*: políticas e concepções. Belo Horizonte: Autêntica, 2008.

PALO, M. J. El perfil de la identidad de la literatura infantil. *Revista Riesgo de Educar*, v.1, p.53-61, 2007.

PEIXOTO, A. *Ensinar a ensinar*: ensaios de pedagogia aplicada à educação nacional. Rio de Janeiro: Francisco Alves, 1923.

PEREZ, J. R. R. *Avaliação, impasses e desafios da Educação Básica*. Campinas: Editora Unicamp, 2000.

PERRAULT. *O gato de botas*. Adaptado por Bárbara Vasconcelos de Carvalho. São Paulo: Símbolo, 1971. (Série *Textos animados*, 1)

PERROTI, E. *O texto sedutor na literatura infantil*. São Paulo: Ícone, 1986.

PÍLETTI, N. Fernando de Azevedo. In: FÁVERO, M. de L. A.; BRITO, J. de M. *Dicionário de educadores no Brasil*: da Colônia aos dias autuais. Rio de Janeiro: Editora UFRJ, 1999.

PINTO, J. B. *Pontos de literatura infantil*: para os alunos do 3º ano normal. 4.ed. rev. aum. São Paulo: FTD, 1967.

PIONEIRISMO em Educação. *Folha de S.Paulo*, São Paulo, s.p., 18 jan. 1970.

POPKEWITZ, T. S. *Reforma educacional*: uma política sociológica – poder e conhecimento em Educação. Trad. Beatriz Neves. Porto Alegre: Artes Médicas, 1997.

PREFEITURA DE SÃO PAULO. Histórico da Biblioteca Monteiro Lobato. São Paulo, [s.d.]. Disponível em: <http://www.prefeitura.sp.gov.br/cidade/secretarias/cultura/bibliotecas/monteiro_lobato/index.php?p=3821>. Acesso em: 12 abr. 2010.

PRODES. Programa de Estudos e Documentação Educação e Sociedades. Rio de Janeiro, [s.d.]. Disponível em: <http://www.prodes.fe.ufrj.br>. Acesso em: 12 abr. 2010.

PRÓ-REITORIA DE EXTENSÃO UNIVERSITÁRIA. Criação da UFBA e da PROEXT. Salvador, [s.d.]. Disponível em: <http://www.extensao.ufba.br/memoria.htm>. Acesso em: 12 abr. 2010.

PRO TV. Associação dos Pioneiros, Profissionais e Incentivadores da TV brasileira. Seção Biografias. [s.d.]. Disponível em: <http://www.museudatv.com.br/biografias/Julio%20Gouveia.htm>. Acesso em: 11 set. 2009.

PROBLEMAS da literatura infantil. *Folha de S.Paulo*. São Paulo, s.p., 15 dez. 1973.

RADIO SOCIEDADE. História. Salvador, [s.d.]. Disponível em: <http://www.radiosociedadeam.com.br/capa/historia.aspx>. Acesso em: 10 abr. 2010.

RANZI, S. M. F. (Org.). *História das disciplinas escolares no Brasil*: contribuições para o debate. Bragança Paulista: Edusf, 2003.

RIBEIRO FILHO, E. C. *Atesto...* Salvador, 18 jul. 1942. (documento manuscrito)

RIBEIRO, H. C. *Atesto...* Salvador, 22 jan. 1949. (documento manuscrito)

RIO GRANDE DO SUL. Secretaria de Educação e Cultura. *Ofício*. Porto Alegre, 25 jul. 1975. Documento datilografado.

ROSEMBERG, F. *Literatura infantil e ideologia*. São Paulo: Global, 1985.

SALEM, N, *História da literatura infantil*. 2.ed. São Paulo: Mestre Jou, 1970.

SALES, G. G. P. S. Um estudo sobre Metodologia da linguagem *(1949), de J. Budin.* Marília, 2009. 80f. Trabalho de Conclusão de Curso (Graduação em Pedagogia) – Faculdade de Filosofia e Ciências, Universidade Estadual Paulista "Júlio de Mesquita Filho".

SANCHEZ, M. *Pequeno tratado da literatura infantil e infanto-juvenil.* Goiânia: Imery Publicações, [19--].

SANTOS, J. L. C. P. História das disciplinas escolares: perspectivas de análise. *Teoria & Educação,* n.2, p.21-29, 1990.

SANTOS, L. J. Discurso na concessão do título de acadêmico emérito à professora Bárbara V. de Carvalho. *Revista da Academia Baiana de Educação,* v.2, n.7, p.47-48, set. 2001.

_____. Discurso no túmulo de Bárbara Vasconcelos de Carvalho. *Revista Baiana de Educação,* v.1, n.14, p.91-2, jan.-dez. 2008.

_____. *Entrevista.* Salvador, 2010. (digitado)

SÃO PAULO (Estado). *Colleção de Leis e Decretos do Estado de São Paulo 1889-1891.* 2.ed. São Paulo: Imprensa Oficial, 1938.

_____. *Coleção de Leis e Decretos do Estado de São Paulo 1933.* 3.ed. São Paulo: Imprensa Oficial, 1939.

_____. *Programas das escolas normais e instruções metodológicas.* São Paulo: Editora do Brasil, 1954.

_____. *Coleção de Leis e Decretos do Estado de São Paulo.* São Paulo: Imprensa Oficial, 1957. v.1

_____. *Programas do curso normal.* São Paulo: Editora do Brasil, 1958.

_____. *Coleção de Leis e Decretos do Estado de São Paulo 1959.* São Paulo: Imprensa Oficial, 1959.

_____. *Legislação do ensino normal no estado de São Paulo.* São Paulo: Imprensa Oficial, 1960.

_____. *Habilitação específica de 2°. Grau para o magistério:* guias curriculares para a parte diversificada da formação especial. São Paulo: Cenp, 1981.

SAVIANI, D. *Escola e democracia.* São Paulo: Cortez, 1985.

_____. *História das idéias pedagógicas no Brasil.* 2.ed. rev. e ampl. Campinas: Autores Associados, 2008.

_____. Formação de professores: aspectos históricos e teóricos do problema no contexto brasileiro. *Revista Brasileira de Educação,* Campinas, v.14, n.40, jan.-abr. 2009.

SCHMIDT, M. J. A magia da história e a literatura infantil. In: _____. *Educar pela recreação.* Rio de Janeiro: Agir, 1958.

SILVA, V. B. da. *História de leituras para formação de professores*: um estudo da produção e circulação de saberes especializados nos "manuais pedagógicos" brasileiros (1930-1971). São Paulo, 2001. 244f. Dissertação (Mestrado em Educação) – Faculdade de Educação, Universidade de São Paulo.

_____. Uma história das leituras para professores: análise da produção e circulação de saberes especializados nos manuais pedagógicos (1930-1971). *Revista Brasileira de História da Educação*, Campinas, n.6, p.29-58, jul.-dez. 2003.

_____. *Saberes em viagem nos manuais pedagógicos*: construção da escola em Portugal e no Brasil (1870-1970). São Paulo, 2005. 400f. Tese (Doutorado em Educação) – Faculdade de Educação – Universidade de São Paulo.

SILVA, V. M. T. (Org.). *Mundos e submundos*: estudos sobre Ana Maria Machado. Goiânia: Cânone Editorial, 2004.

SILVA, V. M. T. *Literatura infantil brasileira*: um guia para professores e promotores da leitura. Goiânia: Cânone Editorial, 2008.

SILVA, V. M. T.; FROTA, A. J. (Org.). *E por falar em Marina...*: estudos sobre Marina Colasanti. Goiânia: Cânone Editorial, 2003.

SONHO virou pesadelo na literatura infantil, acusa esta professora. *Folha da Tarde*, s.l., p.34, 17 abr. 1978.

SPOSITO, M. P. *O povo vai à escola*. São Paulo: Edições Loyola, 1992. (Coleção Educação Popular)

STAROBINSKY, J. A literatura: o texto e seu intérprete. In: LE GOFF, J. *História*: novas abordagens. Trad. Henrique Mesquita. Rio de Janeiro: Francisco Alves, 1976. p.132-43.

TAHAN, A. M. Os 40 imortais da literatura infanto-juvenil. *Jornal do Brasil*, s.l., s.p., s.d..

TANURI, L. *O ensino normal no estado de São Paulo*: 1890-1930. São Paulo: USP, 1979.

TANURI, L. M. História da formação de professores. *Revista Brasileira de Educação*. São Paulo, n.14, p.61-88, mai./ago. 2000. Disponível em: <http://www.anped.org.br/rbe/rbedigital/RBDE14/RBDE14_06_LEONOR_MARIA_TANURI.pdf >. Acesso em: 15 jun. 2008.

TAVARES, D. F. *Carta*. Salvador, 1960. (Documento manuscrito)

TREVISAN, T. A. *Um estudo sobre Práticas escolares (1940), de Antônio D'Ávila*. Marília, 2003. 66f. Monografia (Trabalho de Conclusão de Curso de Pedagogia) – Faculdade de Filosofia e Ciências, Universidade Estadual Paulista "Júlio de Mesquita Filho".

_____. *A pedagogia por meio de* Pedagogia: Teoria e prática *(1954), de Antonio D'Avila*. Marília, 2007. 165f. Dissertação (Mestrado) – Faculdade de Filosofia e Ciências, Universidade Estadual Paulista "Júlio de Mesquita Filho".

_____. *História da disciplina pedagogia nas escolas normais do estado de São Paulo (1874-1959)*. Marília, 2008. Texto de Qualificação (Doutorado em Educação) – Faculdade de Filosofia e Ciências, Universidade Estadual Paulista.

_____. O ensino da leitura e escrita segundo Antônio D'Ávila: *Práticas escolares* (1940). *Revista brasileira de História da Educação*, n.20, p.165-92, maio-ago. 2009.

_____. *História da disciplina pedagogia nas escolas normais do estado de São Paulo (1874-1959)*. Marília, 2011. Tese (Doutorado em Educação) – Faculdade de Filosofia e Ciências, Universidade Estadual Paulista.

TURCHI, M. Z.; SILVA, V. M. T. *Literatura infanto-juvenil*: leituras críticas. Goiânia: Editora da UFG, 2002.

VALDEMARIN, V. T. O manual didático *Práticas escolares*: um estudo sobre mudanças e permanências nas prescrições para a prática pedagógica. *Revista Brasileira de História da Educação*, Campinas, n.17, p.13-40, maio-ago. 2008.

_____. *História dos métodos e materiais de ensino*: a escola nova e seus modos de uso. São Paulo: Cortez, 2010.

VANDERGRIFT, K. E. *Children's literature*: theory, research and teaching. Englewood: Libraries Unlimited, 1990.

VERA MUCCILO. Ilustrações. São Paulo. [s.d.]. Disponível em <http://www.veramuccillo.com.br/>. Acesso em: 13 abr. 2010.

VIDAL, D. G. *O exercício disciplinado do olhar*: livros, leituras e práticas de formação docente no Instituto de Educação do Distrito Federal (1932-1937). Bragança Paulista: Editora da Universidade São Francisco, 2001.

VIDAL, D. G.; FARIA FILHO, L. M. *As lentes da história*: estudos de história e historiografia da educação no Brasil. Campinas: Autores Associados, 2005.

VIEIRA, M. P. de A. et al. *A pesquisa em história*. 4.ed. São Paulo: Ática, 2005.

VIÑAO, A.; ESCOLANO, A. *Currículo, espaço e subjetividade*. A arquitectura como programa. Rio de Janeiro, DP&A Editora, 1998.

ZILBERMAN, R. *A literatura infantil na escola*. São Paulo: Global, 1981.

ZILBERMAN, R.; MAGALHÃES, L. C. *Literatura infantil*: autoritarismo e emancipação. São Paulo: Ática, 1981.

ZILBERMAN, R.; LAJOLO, M. *Um Brasil para crianças*: para conhecer a literatura infantil brasileira: histórias, autores e textos. 3.ed. São Paulo: Global, 1988.

SOBRE O LIVRO

Formato: 14 x 21 cm
Mancha: 23,7 x 42,5 paicas
Tipologia: Horley Old Style 10,5/14
Papel: Offset 75 g/m² (miolo)
Cartão Supremo 250 g/m² (capa)
1ª edição: 2013

EQUIPE DE REALIZAÇÃO

Coordenação Geral
Marcos Keith Takahashi

Impressão e Acabamento:

psi 7

Printing Solutions & Internet 7 S.A